U0730273

Marketing Implementation

营销执行

[第三版]

胡利杰　田宇 ◎ 编著

图书在版编目（CIP）数据

营销执行 / 胡利杰，田宇编著. — 3版.
— 北京 :企业管理出版社，2016.2
ISBN 978-7-5164-1195-7

Ⅰ.①营… Ⅱ.①胡… ②田… Ⅲ.①企业管理—市场营销学 Ⅳ.①F274
中国版本图书馆CIP数据核字（2016）第007649号

书　　名：营销执行（第三版）
作　　者：胡利杰　田　宇
责任编辑：尤　颖　田　天
书　　号： ISBN 978-7-5164-1195-7
出版发行：企业管理出版社
地　　址：北京市海淀区紫竹院南路17号　　　**邮编：**100048
网　　址：http：//www.emph.cn
电　　话：总编室（010）68701719　发行部（010）68701816　编辑部（010）68701408
电子信箱：80147@sina.com
印　　刷：香河闻泰印刷包装有限公司
经　　销：新华书店
规　　格：168毫米 × 235毫米　16开本　17.75印张　260千字
版　　次：2016年2月第3版　2016年2月第1次印刷
定　　价：68.00元

商德需要好榜样

（再版序）

我已十多年没有意愿发声，除了自身懒惰原因，一是关于营销技术层面话题不断有很多新的中外著作可供大家阅读，同时也有很多电子商务和互联网营销大咖成功案例介绍，二是对这十多年中国商业及社会的道德表现极其失望和愤怒，以致无语。

我个人的观察，单从道德上讲我认为中国商业这十多年总体来说是大幅度退步的，以至于很多人可能已经麻木至习以为常，甚至以非为是。

不信？作为普通消费者，我们略举几个日常生活中常见的例子看看：大到购买房子及装修、股票、理财产品、商业保险、借贷、治病、上学等，小到穿的衣服、吃的食品、用的物品、公共服务（水、电、气、热、通信等）、售后服务、旅游等，很多时候都会让你体验到购前不敢相信，购后愤怒生气，直至投诉、起诉无果的遭遇，诚信和法制似乎只是停留在很多企业及老板们的嘴上和广告宣传上。

这种信任陡降、道德沦丧、法制不彰的现象不仅仅存在于商业领域，已经覆盖社会的很多方面，甚至包括亲朋好友的来往、同事同学的相处，以至于几乎我们每个人、每天都要学着如何分辨和应付海量的五花八门、不断升级、防不胜防的诈骗信息。

我们中有很多人深受其害、深恶痛绝却又无能为力，进而麻木至习以为常、毫无作为，甚至不自觉已经不同程度地是非颠倒、“好人变坏人”。

因为我们多数是普通人，通常也许会认为提高国民素质、改变社会风气、严刑峻法那是政府官员和社会精英们的事情。

但我们至少可以从自己及能够影响到的身边人做起，力所能及地改变自己，说一些正能量的话，做一些正能量的事，即便不能给自己带来任何功利，至少每晚可以安然入眠，为我们的下一代树个好榜样。

其实中国商界也有很好的榜样，就我个人多年体验而言，广东和四川的餐饮服务业很早就是中国商界好榜样，中国家电业产品和服务的表现曾经也是，也许还有其他，不一而足。

最后，在企业管理出版社再版《中国营销实战丛书》首批六本书之际，写此文与二十多年来一直信任和陪伴派力营销的上千万中国营销人共勉。

让我们摘录亚马逊 CEO 杰夫 · 贝索斯在普林斯顿大学 2010 年学士毕业典礼上的演讲辞其中的几句话作为共勉：

善良比聪明更难，选择比天赋更重要。

天赋和选择不同。聪明是一种天赋，而善良是一种选择。天赋得来很容易——毕竟它们与生俱来，而选择则颇为不易。如果一不小心，你可能被天赋所诱惑，这可能会损害到你做出的选择。

你们要如何运用这些天赋呢？你们会为自己的天赋感到骄傲，还是会为自己的选择感到骄傲？

北京派力营销管理咨询有限公司

2016 年 1 月 18 日

前　言

知易行难

市场营销的完整概念简而言之就是“了解需求并满足需求”，市场营销部门为了完成这个循环往复的发现（市场）价值和实现（市场）价值的过程，要年复一年地做很多事情，主要包括：通过对各类信息的收集、整理与分析来客观理解市场与客户；新产品的开发与管理；新产品上市的推广与销售渠道、销售政策、销售队伍及销售业务管理的规划；日常的品牌管理与营销业务活动的管理；为客户提供产品与服务；收款与售后服务；财务管理与成本控制等。所谓提高营销效率就是需要我们的营销人员将以上所有这些工作一点一滴、踏踏实实地做好。

越来越多的学者和企业已经意识到，不同企业和不同人员采用相似的策略做事，效果却大相径庭。原因只有一个，营销系统的执行能力不同。尤其是当今天的中国企业多数已基本懂得如何运用营销方法时，关键的问题在于谁能将计划执行到位，而将计划执行到位的根本就在于谁的管理运营系统更有效率。从这个意义上讲，营销管理体系的运行效率是营销工作成败的关键。

计划是关键的第一步，它明确了发展策略，指明了做什么样的事是正确的。运营体系是计划实施的保障，通过运营系统的运作来将这些正确的事做好。也就是说，既然我们已经明确了发展方向与具体要做的工作，那么就需要对这些事情进行分工，需要有不同的部门与人员分别承担不同的职责，并赋予他们相应的权限。同时需要明确指出他们如何配合工作？如何一项一项履行自己的职责？内部日常事务处理的程序和规则是什么？如何对执行过程进行管理？如何对部门与人员进行激励、考核，以确保最大限度去激发他们的潜能实现计划目标？策略明晰之后，企业经营的重点就转向了既定策略的细化和具体落实，以及通过完善运营系统，提升人员能力来提高执行力去支持企业经营的重点工作，两者的结合将是企业持续发展的前提。营销计划解决的是要做什么、有哪些资源配合、实现什么目标的问题，而执行涉及的是什么人、承担什么职责、在什么地方、什么时间、怎么做的问题。为了将营销执行计划的要求转化为具体的工作标准，使营销计划的执行真正落到实处，应该有一个有效的工作组织。在这个组织中，人员通过相互配合，通过影响别人和被别人影响来完成自己的工作。而业务运作的过程应当得到适时监控，要有制度的保障。出现了问题要进行及时地处理，对营销活动的结果要进行客观地评估与分析。

然而，中国的许多企业已经在市场竞争中拼搏了许多年，但其内部的营销体系还停留在传统模式下，不仅制约了企业的市场开拓，也极大地影响了经营业绩的提高。对今天中国的企业来说，营销运营系统是否能高效运作是企业实现计划目标、降低经营风险和成本、提高营销效率、改善经营业绩的重要因素。

提高营销执行力就是提高营销管理体系的运营效率。要将计划正确地转化为整个营销系统一致的行动，就必须通过规范化的形式来完善营销管理体系，从组织结构、业务流程、管理制度等各方面进行系统而规范的规划，为执行人员按照营销计划展开行动提供强有力的支撑和保障。

营销计划是运营体系运转的依据和根源，而确保营销计划得以正确执行就必须依靠组织体系的力量。一个完善的营销组织体系，能够通过对关键业务的提炼，准确定位企业核心职能，构建起整个部门和职位体系，从而形成良好的管理平台推动营销计划有效执行。

要想达到理想结果，必须对执行过程进行严密监控。有什么样的过程，就有什么样的结果，只有管理过程才能控制结果。营销系统应根据整体营销计划和关键业务的要求，制定出系统的关键营销管理制度，通过严格的规范来明确业务运作过程中的工作标准，并对工作结果进行有效评估，从而保障营销计划和关键业务的正确执行。

即使企业构建了规范化的组织体系、明确了工作角色和职责、提炼了关键业务流程，但在实际运行时仍然可能出现职责不明、缺乏沟通、流程推动不力、工作标准模糊等影响执行效果的问题。其原因就在于：我国企业缺乏将工作职责和业务流程转化为管理体系的技能和工具。俗话说，工欲善其事，必先利其器。只有为营销目标和计划提供充足的资源，每一名员工都有足够的信息为自己的目标制定行动方案，目标才不是一个空泛的目标，才有可能使每一名员工具备实现这个目标的能力，领导也才有量化的指标对员工进行考核。这就需要整个企业管理系统的支持，以及必要的工具准备。

很多领导把主要的精力投入到了所谓的发展计划当中去，谈的是国家大事，论的是天下英雄，却忽略了自己在执行工作中的重要作用，也没有对具体的计划执行过程给予足够的关注。结果往往就是大家只是同意执行一项计划，但在行动的过程中由于缺乏对实施过程的科学管理和高层领导足够的重视，在遇到这样和那样的诸多问题时未能及时有效的解决，造成了运营效率低下，延误了市场良机。从某些方面讲，执行不到位的根源恰恰是管理者造成的：不少管理者将计划与执行等同了起来，认为自己制订了营销计划，就等于执行人员知道了如何去操作，正是这种错误认识造成了执行环节的薄弱。执行的目的是将营销计划落实到位，实现营销目标，仅仅依靠计划中对营销任务和费用的分解是无法推动销售人员有效地将计划执行到位的，因为每个人对如何达成目标的理解不同，采取的执行手段会因人而异，这都使目标在执行过程中存在非常大的不确定性，从而造成巨大偏差。

派力营销基于在咨询行业的多年经历，以扎实的理论基础、深入的实践经验和广泛的行业见识，从企业的营销部门所从事的具体工作出发，在分析总结了各类企业营销模式和管理体系的基础上，结合国外先进的管理理论，推出了此书。本书围绕如何提高企业营销执行力，从组织设计（营销部门的组织设计）、业务流程（与营销工作和客户满意有关的流程）、信息系统（支持营销工作的信息系统）、领导力这四个方面展开论述。主要针对或者说解决的问题是，如何有效的提高营销组织执行力。

本书既可以作为各企业营销管理层的管理工作指导，又可以作为广大中基层营销经理的实战参考，还可以作为有兴趣致力于营销工作的大专院校师生的课外阅读资料，以增进对市场营销的实战性认识与研究。

虽然经过了反复斟酌与多次修改，难免仍有一些不足之处，敬请指正！

目录

第三章　营销组织

——设计与业务流程相配套的组织体系

第四章　营销管理信息系统

——投资支持高效业务流程的技术平台

第一章

计划与执行，一个都不能少

把计划执行到位

以“到位的执行”成就竞争优势

执行力是营销工作成败的关键

过去的营销是“一招鲜，走遍天”，靠一个好点子就可以走遍天下。然而，现代资讯极其发达，现代人异常聪明，策划炒作随处可见，因此任何一种营销模式和管理方法，只要你出现在市场上，就无保密可言。但是不同企业和不同人员采用相似的策略做事，效果却大相径庭，原因也只有一个，营销系统的执行能力不同。现在随着市场竞争的加剧和企业管理水平的提升，企业要想在竞争中取胜就必须全方面提升自己的管理水平，不能有“短板”。

因此可以肯定的说：在今天国内大多数企业都基本了解了如何运用营销方法时，对于市场营销的一切事务而言，关键的问题在于谁能建立起一个高效运行的营销管理系统，把营销计划执行到位。管理者的执行力能弥补策略的不足，而一个再完美的策略也会死在没有执行力的管理者手中。从这个意义上来讲，执行力是营销工作成败的关键。

执行力的关键在于营销系统行为的一致性。这种一致性不是来自于策略和计划，而是来自于对计划执行过程的全面规划与流程管理。其关键在于：一要统一认识，二要明确目标，三要确定预算，四要合理分解，五要有效转化，六要强化规范，七要动态跟进，八要监控与考核。

但是，很多企业的整体策略思想都在管理者一个人的大脑中。平常都是通过与销售人员之间的沟通来推动策略执行的，这就存在一种状况：经常沟通的人容易理解管理者的策略意图，而不常沟通的人则只能依靠自己的理解行事，偏差也就在所难免了。所以，要将计划正确转化为一致的行动，必须通过规范化的形式来完善营销管理体系。从组织结构、业务流程、管理制度等各方面进行系统规划，为执行人员按照营销计划的要求展开行动提供强有力的支撑。

许多人认为领导者就是制定策略，而执行属于细节事务的层次，不值得管理者费神。他们认为管理者角色定位就在于描绘企业远景、制定策略，至于执行，那是下属的事情，作为管理者只需要授权就行。这个观念是绝对错误的。相反，执行应该是管理者最重要的工作之一。可是，当营销计划在执行过程中出现问题、公司政策不能被正确执行时，高层领导总是愿意相信原因是中基层管理者和市场一线的营销人员缺乏对既定营销计划的正确观念和确切理解，或者是市场一线人员缺乏足够的专业技能。因此，管理者总是希望让他们接受大量的培训，通过培训来改变认识、提高专业技能，从而强化执行力。其实，这是一个误区，他们将注意的焦点过于集中在中基层营销人员身上，采用的也是“治标不治本”的手段。

实际上，真正优秀的管理者必须脚踏实地，深知自己所处的大环境，认清真正问题所在，然后不畏艰难勇敢地面对。“知易行难”这应该是大家都知道的道理。管理者制定了计划后也需要参与执行，只有在执行中才能准确、及时的确定目标是否可以实现。管理者及时根据执行的情况调整策略，以保证策略可以有效协助目标的达成。如果管理者角色定位错把忽视执行当成必要的授权，等到发觉策略不能执行时，再调整策略，可能为时已晚。

在企业中，许多营销规划工作不能落实到具体业务的运营中。领导们把主要的精力都投入到了所谓的发展规划中去了，谈的是国家大事，论的是天下英雄。岂能将宝贵的时间浪费在一些技术性的小事上？可是，营销工作执行不到位，往往是由于管理者忽略了自己在执行工作中的重要作用。他们都把关注点放在方向性的问题上，却没有对具体计划的执行过程给予足够的关注，结果就是人们往往只是同意执行一项计划，但在行动的过程中由于缺乏对实施过程的科学管理和高层领导的足够重视，在遇到诸多问题时未能及时有效的解决，从而造成运营效率低下，延误市场良机。与传统的认识不同，有效的执行是一项需要领导者亲力亲为的系统工程，而不是对企业具体运行的细枝末节的关心。在领导者的亲自倡导下，实施计划的能力应该成为企业的基因，贯穿于企业发展的方方面面。策略实现的每一个环节都需要以“执行能力”为前提来指导落实。从某些方面讲，执行不到位恰恰是管理者造成的：不少管理者将计划与执行等同起来，认为自己制定了营销计划，就等于执行人员知道了如何去操作。正是这种错误认识造成了执行环节的薄弱。执行的目的是为了将营销计划落实到位，实现营销目标。仅仅依靠计划中对营销任务和费用的分解是无法推动销售人员有效地将计划执行到位的。因为每个人对如何达成目标的理解不同，采取的执行手段也不相同。这都使目标在执行过程中存在非常大的不确定性，从而造成巨大偏差。

执行到位，中国企业舍此无它的运行法则

回顾前20多年，在国家、企业和个人都在盼望着快速致富的动力和压力之下，以市场为导向的改革使中国经济实现了近两位数的增长，并使得我国的城市和农村地区的经济得到迅猛发展。与此同时，随着市场需求的扩大和顾客满意度的提高中国不少市场化的企业也取得了几何级数的成长，它们随着整个中国蓬勃发展的经济形势一同阔步向前。这是一个了不起的成就。尤其需要注意的是，市场营销以其不可或缺的重要职能和独特魅力，为中国经济的成长、企业经营的发展乃至个人的发财致富立下了头功。

中国企业市场竞争，在经历了产量竞争阶段（80年代中期～80年代末期），质量竞争阶段（90年代初期～90年代中期），营销竞争阶段（90年代中期～90年代末期）之后，已经进入了管理竞争阶段（2000年～2009年左右）。市场将由严重供过于求走向相对供求平衡状态，消费者不但拥有完全的品牌选择权而且具备比较理性的识别能力，市场也相对更加细分。此时企业间的竞争已上升到综合实力的全面竞争阶段，而竞争的要素也上升为计划管理、全面管理阶段。市场经济下所有企业赖以生存的基础，其核心就是竞争，实质就是竞争经济。所有的企业都只有在竞争中生存和发展。要竞争就要有管理，新经济时代是一个普遍需要管理的时代，新管理时代的浪潮将席卷中国所有的企业。

企业国际化给中国企业管理提出了新的课题，形成中国企业管理新

的特征。国际化管理包含面向国内市场的企业应对国际竞争的策略和管理、国际化经营企业（跨国公司、外向型企业、外联企业）的国际经营计划和管理。国际化经营的企业在国际市场政策、文化、法律等社会因素影响的同时，企业运营管理也发生重大变化，包括：财务资金运作、会计体系、质量体系、营销网络、人力资源、信息系统、知识产权等。当跨国经营从“贸易主导型”向“投资主导型”转变时，这些变化将更加深刻。

展望未来，各行业、各地区和各企业市场观念和营销能力的进步还将随着企业内外部环境的变化而变化。就像前20年地快速变化一样，大部分行业和企业会随着竞争压力的升级进步得更快。原因显而易见：一是所处的时代不同，现代的企业是站在时代的肩膀上推行市场经济，而不是简单的、低水平的重复历史；二是我国的对外开放使企业迅速与全球经济融为一体，不得不面对强者的竞争，并站在世界先行者的肩膀上进步；三是我国人均自然资源和机会资源较少，市场竞争与大部分国家相比更加激烈，而竞争的加剧必然促进企业的快速成长。

你知道吗？

日本企业早在多年以前就提出了“零缺陷”管理方法，而我们的很多企业却无法做到这一点。生命系统有其完整性，而其内部的运行特性也会形成相应的外在表现形式。组织也是一样，要了解组织管理运营问题的症结，必须先了解产生这些问题的系统整体。一位成功的企业家曾写下这样一个等式：100－1＝0。大意是：一个单位、一个部门就像一部高速运转的机器，每一个员工就像一个部件，一个部件失灵，就可能导致整台机器运转失常。可见企业如果不严格控制每一个环节的管理，其结果会是多么的糟糕。

在咨询行业的多年经历使派力有机会得以亲身经历不同类型行业和企业的商业模式和市场的重大变革。在今天的商业环境中，想要成功，企业就必须学会创造、激发和维系一个整合型的商业企业。在这个过程中，被综合而非各自独立地加以考虑的发展战略、计划和管理运营所带来的结果就不再只是简单的环节相加。

案例分享

二十世纪末，啤酒市场硝烟弥漫，国内外行业巨头并购不断，有着宏伟蓝图的青岛啤酒更是频频出手，希望通过承担债务的方式重组各地的啤酒厂家，构建全国性的青啤集团，实现所谓的“低成本扩张计划”。啤酒企业之间的兼并虽然是一种做大做强的有效途径，但是青岛啤酒在进行了大规模的“圈地运动”后，一些隐患与弊端已经逐渐浮出水面。

承债式收购指的是在目标企业资债相当或资不抵债的情况下，收购方以承担其债务为条件，将被兼并企业的债务及整体资产吸收，交易以债务和整体产权价值之比而定。对于青岛啤酒而言，这种方式不用挤占自己公司的运营资金，用抵押、协议的方式承担被收购企业的债务，就可以拥有该企业。再通过品牌经营，迅速扩大企业生产能力。事实上，对青岛啤酒来讲，这种方式虽然收购成本低，但致命的是它无法将兼并到的公司进行有效的整合。这主要体现在两个方面。一是收购后改造费用高，造成营业费用和管理费用急剧上升。1998年青岛啤酒的营业和管理费用之和是40218万元，占当年主营利润的76.3%，而2001年两费之和是138023万元，占主营利润的88.4%。1998年青啤所有子公司的两费之和是8541万元，2001年是92935万元，上升了10.88倍；1998年子公司实现的主营利润是9119万元，2001年是88967万元，只上升了9.76倍。可见对子公司的改造培养已经成了青啤盈利的负担。二是品牌信誉度降低。由于扩张过快，能够生产“青岛啤酒”的厂家逐步增多，并且常是一些不知名的小企业。“青岛啤酒”这个品牌在消费者心目中高贵的形象受到影响，信誉度降低。2001年“青岛啤酒”这个品牌只完成了销售计划的78%。这一定程度上说明了这个问题。

事实上，青岛啤酒从一开始就忽略了对被收购企业的整合。过去，企业领导者总是要求大家要有耐心，因为“我们所进行的是一种长期计划，它的效果需要相当长的时间才能体现出来”。可是市场是不会等你的。

当今，人们对一家企业的市场表现已经以季度为单位来评估。在策略方向大体正确的情况下，竞争对手之间的差别就在于运营效率。如果你的竞争对手运营效率比你高，它就会在各个方面领先于你，道理非常简单：良好的运营系统会提高你对市场的快速反应能力，减少运营风险，降低运营成本。

所以，经过新一轮的收购、兼并等市场整合活动后，青岛啤酒自2002年起明显放慢了其并购的速度，并将重点放到了对被并购企业的系统整合上，特别是针对各地区特点的市场营销运营系统的整合上。各地区事业部也围绕着建立一整套高效的营销管理和运营系统，初步确立了相关营销组织结构和业务流程的管理制度和方法。但是面对各区域市场激烈的竞争形势，要想超越竞争对手，获得竞争优势，达到降低经营风险和成本、提高营销效率、改善经营业绩的目的，必须要提高管理效率，将营销策略执行到位。

这也正是我们以上所谈到的“管理竞争阶段”的关键意义所在。毫无疑问，这也是那些希望成为世界级企业的公司舍此无它的运行法则。

教你一招

企业要在“管理竞争阶段”脱颖而出必须做好两方面工作：

一是战略规划，即你须在专业化发展、相关多元化发展、不相关多元化发展、甚至退出目前所在行业等企业发展计划上做出明确的选择。并且一旦选择了继续在某一个行业发展，就必须在成本领先、差异化、集中化三大竞争策略中做出选择并坚定实施，已经没有时间再“不伦不类”地徘徊下去。企业在市场经济中所面临的环境是诡异多变的，只有整体配置企业所有资源，加强各部门、各岗位的信息交流，最大程度上实现数据和信息的共享，才能够保证企业在竞争激烈的市场经济中处于不败之地。这种情况下，单一环节或层次的管理已不足以解决企业所面临的复杂管理课题，整合和系统化的管理已成为现代企业的必然选择。

二是计划实施或者叫管理执行能力，即如果你选择了某种竞争策略，你就必须把这一策略的行动计划落实到位。无论是咨询公司、企业还是职业经理人，都经常面对这样的问题：明明是一个非常优秀的方案，由于没有进行有效的操作无果而终。很多计划都没有像预期那样得到落实，或者是组织根本没有足够的能力来落实。再好的理念，执行不到位，也只是空谈。比如你选择了差异化竞争计划，你就必须在产品、品牌和渠道上与竞争品牌产生市场公认的差异；如果选择了成本领先的全方位竞争计划，你就必须有具体的措施降低成本，使自己真正领先于对手。毫无疑问，中国的许多公司，无论是国有企业还是私营公司，都希望成为世界级的公司。然而，中国加入WTO已经快八年了，这些年来真正站在国际舞台“与狼共舞”的中国企业又有几个呢？在今后10～20年的时间里，中国经济将成为世界第二大经济体。可以预测，在不远的将来，中国也必将诞生出许多类似于通用、微软和丰田那样世界闻名的企业。但这一切都不会自然而然地发生。要想成为真正的世界级企业，中国企业必须极大地提高自身的竞争力。从运营系统入手，扎扎实实的做好基础管理工作。

案例分享

浪潮软件在市场的迅速崛起就是一个很好的证明。浪潮软件从成立起，就非常注重管理体系的运营效率，这使得其在较短时间内在软件界迅速崛起。浪潮软件把“时间”列为竞争优势，其管理方式的特点是将时间列为重要的管理和计划指标；利用快速反应贴近客户，增强客户对公司的依赖性；快速将产品或服务转向最有利可图的客户；比竞争对手发展得更快，获利更多。这种快速反应无疑会给企业自身和客户带来巨大的价值。对客户而言，快速反应本身就是一种态度。快速反应可以加深客户对公司的信任和依赖程度，使客户将该厂商作为自己可靠的供应商和服务商。遵循“以客户为中心”的原则，浪潮软件从上到下对客户项目、客户问题的反应是迅速的。只要接到客户的项目，浪潮软件管理体系保障每位员工以非常积极的态度尽快响应，努力争取保质保量地快速完成项目。其综合实力在国内软件企业中已名列前茅。

如今，浪潮软件快速反应的行为模式已融合到企业文化中，成为了管理系统高效运营的坚实基础。在这种工作氛围的影响下，每个人的观念、行为准则，对所有事情的处理都会以达成内外部的客户满意为前提，加快节奏。快速反应是需要付出相当的努力和心血的。首先企业的高层领导要积极参与，要呼吁倡导，让每位员工都知道公司提倡这种文化。并且要从上层开始以身作则、身体力行地去做。如上一级对下一级的请示要给予快速及时的回复，对布置给下级的任务要按时检查。同时要培养、造就一支强大的中层干部队伍，因为一个企业的中层是承上启下、推动企业运转良好的中坚力量，是构成企业中枢神经的神经元。企业能否做到快速反应，很大程度上取决于中层干部队伍素质的高低和工作激情，因此要最大限度地发挥他们的“助推剂”作用。高效的业务流转速度要求完善和加强快速反应的管理体制。

正确的计划和到位的执行是营销成功的两大要素

计划与执行在营销管理工作中的相互关系

市场营销的作用和任务就是了解、分析和启发消费者的需求，开发、制造出消费者需要的产品（品牌），并通过一些营销技术手段（4P’s）和部门协同工作，达成消费者与产品（品牌）有效沟通的系统工程。也就是说，市场营销是企业根据顾客需求分配其自身的人力、财力和实物资源的方法。

营销管理通过对企业的整个营销活动进行分析、规划、执行和控制，从而实现组织的目标。为了达到营销目标，所有的营销活动要以顾客满意度为指针，要从顾客的观点而非企业自身的利益和观点来分析、考虑顾客的需求。这意味着，在产品功能、安全、使用和成本上，在新产品的开发上，在价格设定和分销促销环节上，在完善售后服务系统等方面要竭力为顾客着想，最大限度地使顾客满意。并通过良好的实现了顾客满意，为企业传播良好的信誉和形象，扩大顾客队伍。这就要求企业的每个部门，包括产品开发部门、技术服务部门都参与到企业的营销管理中来。

营销管理始于计划。任何一个优秀的计划都不是一蹴而就的凭空臆断，都需要高层管理者以执行的踏实心态，对企业所处的宏观经济环境与行业发展特点进行透彻地分析与研究，在这个基础上结合企业自身的资源来确定切实可行的计划规划。对于提高执行力而言，道理是一样的。有些企业缺乏执行力，可能源于没有明确的目标与计划，或者目标与计划被制定者锁在抽屉里而并非众所周知。营销计划是整个营销业务活动开展的指导和前奏，该阶段的工作重点旨在从策略方向上确保营销业务的正确性，核心是“做正确的事”。

在2002年整个通讯产业低潮时，为了摆脱市场对西门子产品缺乏创新的印象，同时也希望通过将手机时尚化获得年轻消费者的青睐，西门子在产品设计上追求个性化，瞄准重点人群进行市场细分，打造了Xelibri系列手机。西门子想卖的不仅仅是手机，而是一种附有通信功能的饰品；西门子要进入的市场不是通信市场，而是通信与时尚结合的一个新兴市场。并且希望通过走时尚专卖店的路线，迅速引领这个市场。

然而，它在强调外观时尚的同时，却错误地估计了手机发展的方向，忽略了已经被市场接受的彩屏和数码成像越来越成为手机的主流配制，并没有像大多数手机厂商那样发展彩屏和照相机技术。黑白屏的Xelibri即便对于普通消费者而言也已经落伍了，何况是时尚一族们。这么有“个性”的产品最终被市场无情地抛弃。

由于计划上的失误，2002年5月末，西门子宣布在欧洲停产Xelibri系列手机，一个耗资数亿美元巨资打造的新品牌失意地退出了市场。

营销执行是将营销计划转化为任务和行动的过程，并对计划实施的全过程进行适时的评估、调整和控制，以实现营销计划所制定的目标。企业计划的实践表明，计划制定固然重要，计划执行更是重中之重。一个良好的计划仅仅是营销工作的一部分，如果能有效地执行这一计划，企业的营销目标才有可能实现。如IBM公司并购莲花软件公司，这个计划的成功就是良好的计划与有效的实施相结合必然结果。但是如果只有好的计划，而计划的实施没有得到很好的贯彻，只能导致事与愿违，甚至企业在市场上的失败。相反，如果企业没有能够制定出完善又适合的计划，但是在计划实施中能够克服既定计划的不足之处，那么也有可能由于计划实施过程中根据实际情况对原定计划进行的适时调整，最终确保了计划的完善与成功。

显然，正确的计划和良好的执行是企业经营成功的两大基础，这是毋庸置疑的。策略明晰之后，企业经营的重点就转向了既定策略的细化和具体落实，以及通过完善运营系统、提升人员能力等来充实执行力以支持企业经营的重点工作，两者的结合将是企业持续发展的前提。营销计划解决的是要做什么、有哪些资源配合、实现什么目标的问题，而执行涉及的是什么人、承担什么职责、在什么地方、什么时间、怎么做的问题。为了将营销执行计划的要求转化为具体的工作标准，使营销计划的执行真正落到实处，应有一个有效的工作组织。在这个组织中，人员通过相互配合，通过影响别人和被别人影响来完成自己的工作。在适时监控整个过程中，要有制度保障，出现问题要进行及时的处理，对营销活动的结果要进行客观的评估与分析。

营销管理在执行过程中的控制同样很关键，控制就是调整目标或者采取措施保证目标实现。由于执行过程与计划的差异，执行的中间结果偏离计划轨道是正常现象。每当出现“结果偏离”时，“控制”成为一项必需的管理职能。营销控制是对业务过程的评估、检讨、修正和考核。这个阶段的营销管理工作，旨在引导和激励营销人员在前两个阶段中发挥更积极的作用，同时对执行效果与计划之间的差异进行评估，力争业务稳定发展，顺利达成整体战略目标。这个阶段实际上体现的是对营销人员切身利益的影响程度，往往决定着前两个阶段的制度能否真正落实，如果与前两个阶段不相协调，要求营销人员执行的制度就会因没有绩效考核的保障而成为形式化的摆设。

“知易行难”，执行工作更重要

营销计划的正确与否影响着执行的结果，比如计划本身设置不合理，或者计划欠缺整体的规划和前瞻性，或者计划本身的含糊性，也都会导致执行的不利。再好的计划也只有在成功执行后才能够显示出其价值。因此，我们必须既要重视计划又要重视执行力，做到一手抓计划，一手抓执行力，两手都要硬。计划和执行对于企业的成功来说缺一不可，二者是辩证统一的关系。策略是企业未来发展的指南，要根据策略与计划来制定执行方案。而不应将执行力和计划割裂，把它们看成完全对立的部分。一方面，管理者制定计划时应考虑这是否是一个能够切实得到“执行”的策略。无法执行的计划形成以后只能束之高阁，没有什么实际的价值。另一方面，管理者需要用策略的眼光诠释“执行”，也就是说不要陷入“执行”的泥潭，执行是需要策略来指导的。因此管理者在制定策略规划的时候必须考虑执行能力问题。好的计划应与执行工作相匹配。

然而，在大多数情况下，计划本身并没有错误，但最终却没有取得预期的效果，其主要原因在于它们没有得到到位的执行。在市场竞争中求生存、求发展，不仅需要企业做出正确的战略规划，更需要有一个高效率的运营系统将计划执行到位，否则再好的策略与计划也只能是镜花水月。所谓“知易行难”，说的就是这个道理吧。

案例分享

直销模式使得DELL公司以更低的成本为顾客提供更大的价值。DELL把他的快速定制直销模式写成书，广为传播，不少企业争相效法，但是没有一个能够超过DELL。原因只有一个，他们缺乏对这一模式的执行力！从台式机到笔记本，再到服务器，DELL使用的计划是相同的：提供低价位的高效能产品，快速建立市场占有率，同时强迫对手也降低他们的产品价格，打垮他们的利润空间。1996年，DELL公司首次推出PowerEDge服务器，竞争对手不得不把价格降低了17%。1998年DELL公司的服务器的市场占有率为19%，名列第二位，超过了IBM和HP，仅在康柏之后。可以看出，直销模式成功地延伸到了服务器领域。如今，DELL公司利用互连网进一步推广其直线订购方式，再次处于业内领先地位。

DELL在从设计、制造到销售的整个营运过程，都以聆听顾客意见、反映顾客问题、推出顾客所需为宗旨。直销模式这种做法让他们及时获知顾客对于产品和服务的建议，及希望公司开发怎样的新产品。迈克尔·戴尔说：“其实顾客们非常善于表达，如果你愿意与他们建立直接关系，细心聆听，一定受益匪浅。”DELL还直接从顾客手里获得订单，为他们“量身定做”。因此无需猜测顾客的需求偏好，也不必为保证对经销商和零售商的供给有大量存货。

但DELL的成功之处并不在于它的直销策略。否则既然直销策略这么好，为什么IBM，HP，甚至联想不这么做呢？是啊，问题就在这里，不是他们不想做，是他们做不了。DELL公司在PC行业增长放缓的情况下仍然能够保持快速增长，能够胜出其它竞争对手的原因在哪里呢？由于DELL的运营效率很高，现金、存货的周转速度远远快于行业平均周转速度。它拥有很高的资本回报率以及强大的现金流，这是其竞争对手根本无法做到的。而对于PC制造商来说，存货周转率尤其重要，因为存货通常是它们净资产的最大部分。当销售额低于预期水平时，其它竞争者都会在多余存货的问题上一筹莫展。而且，许多计算机元件（比如说微处理器）的更新换代速度都很快，一旦新一代元件上市，旧元件的价格马上会一落千丈。当这些PC制造商被迫清理存货的时候，它们的边际利润就很可能会降到零。

而DELL公司的年存货周转率高达80次，而它的竞争对手却最多只能达到10次或20次。相比之下，DELL的运营资金占用几乎为零。结果，该公司得以拥有巨大的现金流。在其2002财政年度的第四季度中，它的收入高达81亿美元，运营边际收益高达7.4%，现金流量达到了10亿美元。该公司2001年的投资回报率为355%，对于一家拥有这样的销售量的公司来说，这种投资回报率几乎是无法想象的。它的高周转速度还使得客户能够享受到最新的技术，并充分享受到元件成本下降的优势。因为元件成本下降通常会导致边际收益增加或价格下降。所以DELL能够在危机中把握机遇，以低成本、低价格的方式来进一步扩大市场份额，从而进一步扩大自己和竞争对手之间的差距。

这种系统之所以能够在DELL产生效益，是因为DELL公司运营系统的执行能力强，能够将每一个环节的工作都落到实处。所以它可以做到当客户定单到达工厂时，它才开始生产和组装，只要几小时就可以将产品打包运走了。这个高效的运营系统使得从定单到配送的整个周期时间大大缩短，DELL通常可以在一个星期或者更短的时间里把货送到客户手上，而且它还使整个供应链环节的库存量达到最小化。并使得DELL公司的客户能够比其它公司的客户得到更为频繁的技术更新服务。而较高的周转速度可以在提高生产力的同时降低运营资本需求量，它还能改进企业的现金流，对于一家企业来说，现金流无异于生命线，从而最终提高了企业的边际效益和收入及市场份额。

1994年6月，DELL网站www.dell.com开通。它包括80个国家的分站点。DELL网页提供的技术咨讯服务比传统的电话技术咨询成本更低。DELL每个月接到40万个寻求技术支援的电话，但DELL技术支援网页的阅览次数高达250万次，顾客每周上网查询订购就高达10万次。除技术支持外，客户还可以评估多种配置，即时获取报价，订购一个或多个系统。为了推广公司网站，公司要求大家在制造的所有东西上面，包括名片、邮寄箱包裹、信件等凡是出现公司名称的地方，都必须印上DELL公司的标志。1996年6月，DELL开始在网上销售台式和笔记本电脑，并在年底增加了服务器业务。截止到2000年的第四季度末，DELL平均每天网上销售额从上一年的1400万美元上升至4000万美元，大约占公司收益的50%。

对于DELL而言，在线交易只是他们利用网络的开始。网络已经成为公司信息工程策略的核心。公司多年开发的信息资料库与供应商和顾客共享，从而形成所谓的“虚拟整合组织”，即以信息而非资产连接在一起的组织。利用因特网这一类的科技进行直接连接，仿佛真的把顾客带进企业结构中，以便比别人更快速、更有效地满足他们的需求，提高整个供应链的整体效率。

当今时代，每个人都在讲战略。不断有人在鼓吹创新、重组、突破性思维、大胆的目标、量化变革、学习型组织之类的理念。但如果不能采取有效方法将其变为现实，再伟大的理念也无济于事，再多学习也无法带来实际的价值，再诱人的战略规划最终也会落得胎死腹中。而且，你的组织还会向着更糟糕的方向发展，因为失败会吸干组织中每个人的能量，而不断的失败则会毁了整个组织。

所以计划的实施必须以现实为基础——这种方法贯穿着一种理念：有意义的计划只能来自实际的、有效的执行工作。

二 将到位的工作方式积淀成为公司文化的一部分

透过企业文化影响员工的信念和行为

毋庸置疑，没有人否定一个“高效的管理运营体系”的价值。因为高效的运营体系可以达到提高营销效率、降低运营成本和经营风险、改善经营业绩的目的，运行效率的提高可以帮助企业获得竞争优势以超越竞争对手。我们都知道，如果没有适当的软件，再好的硬件配置也无法帮助一台计算机完成预期的任务。同样，在一个组织当中，如果人们的信念和行为习惯没有到位，计划和结构也无法真正发挥作用。结构设置和权力结构可以将一个组织划分为执行许多不同任务的特定部门，所以结构的设计显然是非常重要的，但真正将系统整合为一个统一同步的整体，还是在各个核心业务运作过程中人们的思想意识和行为习惯的方式。为了真正建立起一种提高营运效率的价值理念，我们需要在现实的基础之上，真正在企业内部形成一种执行文化，它所带来的效果也是可以直接被衡量的，可以用来影响那些直接影响企业绩效的工作人员的信念和行为。

作为管理者，要制定有价值的策略，管理者必须同时确认企业是否有足够的条件来执行。要明白策略原本就是为执行而拟定出来的。在执行的过程中，一切都会变得明确起来。企业执行力文化比任何管理措施或经营哲学都管用。面对激烈的市场竞争，管理者角色定位需要变革，从只注重策略制定转变为策略与执行力兼顾，同时努力营造企业执行力文化。企业是由不同的部门和员工构成的，不同的个体在思考、行动时难免会产生差异。如何尽可能使不同的“分力”最终成为推动企业前进的“合力”，只有依托企业文化，“执行”也不例外。一个企业的文化，实际上是这个企业的领导者的文化，是这个领导者人格、风格的理论化、理性化，然后以制度的形式再现出来。企业领导者的行为最终将成为整个组织的行为。因此从某种意义上来说，领导者的行为是整个企业文化的基础。

教你一招

把既定策略执行到位的关键在于透过企业文化影响员工的行为，因此管理者很重要的角色定位就是营造企业执行力文化。我们所需要的就是改变那些能直接影响企业效益的员工行为，使他们的行为更具有效率。首先管理团队应该清楚地告诉工作人员公司的目标是什么。然后大家一起讨论实现这些目标所应当具备的条件，并同时把这作为指导过程的一个重要环节。一段时间之后，根据实际的执行情况，管理团队应当遵循最初的规划对那些做出贡献的人进行奖励；在执行的过程中，管理者应该适时了解并控制进展状况，对他们进行工作指导；如果他们没有实现预定目标的话，也应当采取适当的措施，比如取消奖励、调换工作岗位、或者是让他们离开。在这个过程当中，其实就是领导者身体力行参与执行并将计划转化为行动的过程。

一旦转变为实际行动，信念就直接表现成了行为，而行为又会产生具体的结果。从这一角度来说，行为又可以被看成是思想与实际的具体连接点。在讨论行为的时候，我们实际上讨论更多的是整体行为规范，而非个体的行为特点。我们讨论的是公司大多数员工所接受和期待的行为方式，有些人将其称为“工作规范”。这些规范将直接影响到一个公司是否能够形成自己的竞争优势的能力。这些信念的形成因素有很多，比如说人们所接受的培训、他们的个人经历、他们对公司未来的理解以及他们对领导者言行的观察等等。只有当这些因素发生变化，从而使人们相信自己以前的观察和观点是错误的时候，他们的行为才会真正的改变。比如说，如果一个组织中的人们相信自己所处的是一个毫无前途的正在走向衰落的行业，他们就不会投入更多的时间和精力来谋求在这个行业中的发展。如果他们相信许多在工作业绩上不如自己的人却得到了和自己一样的奖励，他们就不会有动力做出更大的成绩。如果员工每天能多花10分钟替企业想想如何改善工作流程、如何将工作做得更好，那么，管理者的策略自然能够彻底地执行。企业要有执行的文化，但很多企业有过多纸上谈兵者。他们对策略的执行不是打折扣，就是找理由说做不到，或者随便交差了事。拥有好的执行文化的企业，员工一定会用心去做事，讲究速度、质量、细节和纪律。

营造执行文化的实际意义

你知道吗？

营造执行文化最为关键的就是心态和观念的转变。我们应该培养这样一种观念：没有任何借口，把对营销决策的执行当成一种纪律。即使你把汽车如何驾驶的技巧烂熟于心，你不亲自上车操纵，也终究学不会开车。希尔顿酒店创始人给希尔顿的理念是微笑服务，他每到一个分店去视察工作，逢人就问："今天你微笑了吗？"他号召员工把微笑当成一生的工作来坚持，随时随地微笑。我们也可以自问，对于各项营销工作："今天我想做了吗"、"今天我做了吗"、"我坚持做了吗"。

如果你要做一件事情时，你会有一百个理由去做：如果你不愿做一件事情时，你同样会有一千个借口不去做！首先，各级领导要有这种观念与意识，然后还要教育所有员工有这种意识。比如有企业要求区域经理对一线的销售代表每个月至少正式的培训一天，如果你不想做这种培训，你可能会找以下理由：

- 日常工作中或例会时随时都在沟通，遇到的问题都即时解决了，不用专门培训。

● 销售代表在外面跑惯了，在课堂上坐不住！

● 工作太忙，拜访客户的时间都不够，哪还有时间培训。

● 销售代表素质太低，给他们讲了他们也接受不了。

● 区域内业务员分布的很分散，每个月都召集到一起也不容易。

等等等等，不一而足。如果从内心中你已经认识到了销售代表知识与技能的提高对营销目标达成的重要性，观念上也理解对销售代表进行培训的必要性，那么接下来就必须果断的采取行动，各种借口也就自然消失了。

1. 进行执行文化下的制度建设

企业的核心价值理念能否最终落实到企业的行为上去，而不只是停留在纸上或贴在墙上成为口号与标语，关键还在于在企业执行文化下要进行制度设计，使公司的经营理念与经营思想有制度，有措施，可规范，可考核。

2. 始终保持卓越性

很多体育运动业余选手都可以与专业选手较量一下，唯有高尔夫球不行。在你挥动的近百杆、瞄准的18个洞中，某一洞你可能会超常发挥领先于专业选手，但专业选手胜在发挥稳定，他可以18个洞持续保持高水平的一致性，远远的把你甩在后面，这恰恰是这项运动的关键。其实，高效率的执行能力又何尝不是如此，它也需要持续培养，来始终保持其卓越性。否则，好不容易建立起来的高效的行为习惯就会逐渐被淡忘。执行能力并不好模仿，正如上面提到的DELL的运营能力那样，竞争对手模仿DELL的能力所需要的时间比较长，掌握这种技能的难度也比较大，所以DELL能够在一段时间内始终保持其卓越性。

3. 与其它竞争手段相比，运用这种执行文化可以为企业取得竞争优势并产生价值

如果一个企业的营销系统执行力比竞争对手强的话，它可以构成企业的竞争优势，成为竞争策略的基础，那么与其它竞争手段相比，它必然能够形成对公司竞争计划的强有力的支撑，而且公司必然在这方面比所有现实的和潜在的竞争对手更优越，并能利用这一点从众多的竞争者中脱颖而出取得有利的竞争地位。

教你一招

要建设有执行力的企业文化，企业不妨从一些关键性的系统、流程入手，先做到100%贯彻、落实。在员工对系统的适应过程中，执行文化自然建立。

4. 使执行文化成为商品价值的一部分

将执行文化融入商品中，把它的价值与消费者的需求结合在一起并在商品价值中体现出来。比如，企业能应对迅速变化的市场及时调整服务内容与方式，领先竞争对手一步满足消费者的需求，那么企业提供的服务才能真正实现这种高效的执行能力的价值，也才能为企业带来效益。

施乐曾是美国企业界的骄傲。在英语里，XEROX是“复印”的动词和同义词。作为世界上第一台复印机的发明者，XEROX是施乐的前身哈罗依德公司创造出的单词，并成为施乐公司的商标。

为了保护自己，施乐申请了500多个专利，进一步加大了行业进入的难度，而自己则独享垄断带来的高额利润近20年。美国《财富》杂志认为“施乐914型普通纸复印机是美国有史以来生产的利润最大的产品”。

但世界上没有永远的赢家，对核心能力商业化的忽视使施乐不断地被竞争对手超越，竞争力一落千丈。专利铸就的巨额利润消磨了施乐的进取与市场敏感。电脑中的图标、下拉式菜单、鼠标等都是施乐的发明，激光打印技术、触摸屏幕等也是施乐的贡献。然而当时，施乐却没有意识让这些发明商业化，也没有适时进行品牌延伸，错失了在个人电脑领域获取价值的机会。1979年，一个名叫史帝夫·沃兹涅克的年轻人来到施乐的帕克实验室，他发现在这里上至科学家，下至实验室秘书都已经在使用个人电脑了。他对帕克开发出的图形用户界面和为非计算机专业人才设计的wysiwyg(what you see is what you get)“所见即所得”文字处理系统发生了极大的兴趣。面对施乐研究人员发明的可移动重叠视窗和弹出菜单时，史帝夫惊呼：“你们怎么不用它做点什么？”不久，史帝夫·沃兹涅克就跟他的合作伙伴史帝夫·乔布斯开发出革命性的苹果Ⅱ型“麦金托什”电脑。

施乐真是起了个大早，赶了个晚集!

执行不力，是系统生了病

将重点工作落实

营销工作涉及的主要业务活动

进入市场经济时代之后，企业的资源更多地掌握在供应商、客户及投资者的手中。于是，企业管理的范围也就从内部扩展到外部，把企业的内部管理与针对供应商、客户及投资者的外部管理紧密结合起来。只有将市场信息的收集与运用、产品研发与创新、新产品上市、市场拓展、市场沟通、公关促销、成本控制、分销网络建设、经销商管理、物流控制、品牌传播等等营销工作协同运作起来，形成对市场快速反应的能力，才能获得生存和发展。网络时代从事电子商务运营和管理的企业，其突出的特点是：敏捷和互动。敏捷使企业的信息获取和商务处理以电子速度进行，以适应市场的迅速变化，赢得先机；企业在对外部市场时间反应上所拥有的优势可以为获得其他竞争差异奠定基础，与企业形成互动，从而促使公司形成整体的竞争优势。

企业是通过营销活动了解消费者和竞争者，并用最有效的方法满足消费需求从而获取利益的。因此有必要把营销部门各项业务活动做一个分类，以期能够帮助企业理清思路。在理解营销工作现状和资源分配、阐明关键问题、识别改进良机的基础上，通过重新识别关键的营销活动并发现其规律、降低运营成本、控制营运风险、提高营运效率，从而在成本、服务、质量、绩效等方面改善公司业绩，提高营销系统的执行效率。

市场竞争日益激烈，产品和服务的同质化使得竞争越来越集中于细节，因此一项产品或者服务要想赢得更大的市场，除了在质量、营销策略、优质服务方面下苦功，营销系统日常运营中每一个环节的有效管理也是非常重要的。我们经常说“一招不慎，全盘皆输”，作为企业，尤其是营销部门，只有当合适的人在适当的时间开始关注适当的细节的时候，一个组织才能真正落实一项计划。

你知道吗？

对于现在的许多领导者们来说，他们认为执行与实施是战术层面的问题，领导者们总是会把很多事情分派给别人去做，因为他们认为自己应该把精力投入到“更大的”战略问题上。这种想法完全错误，计划的实施必须充分融入到运营系统的各个方面，渗透到营销组织、业务流程、管理制度和企业文化等各个层面，实施本身就是计划的一部分，没有执行的计划是不完整的。许多企业领导者花了很多时间去学习和宣讲最新的管理技巧，但对将计划转化为行动却缺乏真正的理解和实践，理论和技巧如果只停留在策略层面是毫无意义的。

按业务运作的一般逻辑规律，可以把企业营销部门开展的活动划分为六大模块。

每个范围都有一些核心的业务活动，我们可以把这些不同范围的关键业务活动按照营销工作的战略重要性及发生频率，把他们分为战略规划型、日常管理型、日常操作型和例外业务型四种类别。我们把各范围的业务活动按照这种标准进行分类，以生产制造企业为例：

将营销工作的每一项核心业务从七个方面执行到位

要想提高营销系统的执行效率，把营销计划执行到位，就是要把这六个范围、四大类的每一个关键业务活动的运作过程管理起来。由于不同企业的核心业务及具体情况不一样，导致不同业务范围内的核心活动会有所差异，业务流程的环节和过程可能会不同，相应的组织结构、部门及岗位的设置不一样，管理制度也会有所差异。所以为了确保营销计划的执行效果，我们应当根据企业自身的实际情况，围绕核心业务进行以流程为导向的营销管理系统的规划。

要实现提高营销系统执行效率的目的并对组织、流程、绩效考核和信息系统进行系统规划，就是对营销活动的这六个范围、四大类业务活动中的每一个活动进行以下七个方面的全面落实：

1. 每一个核心业务活动对计划提出的要求：

● 企业的战略定位如何通过计划的逐层制定和穿透来指导目标流程？

● 这项工作要顺利开展，需要由谁来制定哪些计划？计划的内容是什么，计划如何审批，计划对谁有指导作用？

2. 每一个核心业务活动对涉及岗位提出的要求：

● 对岗位知识提出什么新的要求？

● 对岗位能力提出什么新的要求？

● 对岗位态度提出什么新的要求？

3. 每一个核心业务活动对涉及部门提出的要求：

● 这项工作要顺利开展，需要进行哪些部门职能的调整？

4. 每一个核心业务活动对制度提出的要求：

● 这项工作要顺利开展，需要由谁制定和维护哪些制度？

●制度内容要在现有的制度基础上做哪些修改？

●制度要如何审批？

●制度对谁有约束力？

5. 每一个核心业务活动对绩效提出的要求：

● 这项工作要顺利开展，需要关注哪些关键绩效指标？计算公式是什么？

●谁对每个关键绩效指标负责？谁来监控？

●监控者能采取哪些措施来推动流程良性运营？

6. 每一个核心业务活动对报表提出的要求：

● 这项工作要顺利开展，有必要建立哪些报表？报表的内容是什么？

●谁来提交？交给谁？

●是报表还是在线查看？

7. 每一个核心业务活动对IT提出的要求：

● 这项工作要顺利开展，需要有哪些信息系统？用到这些系统的哪些功能？

●哪些部门或者岗位要用到这些功能？这些功能如何集成？

●这项工作要顺利开展，需要哪些基础数据？谁对这些数据负责？

在营销工作的每一个关键业务活动中全面落实以上七个方面，并在执行过程中严格按照这些要求做，企业的营销计划就能执行到位。

提高营销执行力，就是提高营销管理体系的运作效率

要站在系统和整体的角度来看待营销组织的执行能力

营销的每一项工作，从战略制定到具体任务的执行，都需要企业的各个部门、各位员工共同落实。这就涉及到了部门与部门的配合、人与人的合作、以及员工的个人能力和态度。这三者之间又相互配合，相互影响，相辅相成。单靠几个能人，在企业的创业阶段和发展初期也许还能够应付，但随着企业规模扩大，员工增加，企业内部的分工势必要越来越清晰，对各种规章、制度的完善也会进一步提出更高的要求。

一位企业领导的感慨可以很好的说明这种变化："过去企业在创业的时候，大家凭着对工作的热情，有什么事情一商量，几个人就去做了，彼此之间也没有很多意见和怨言；可现在企业规模扩大了，人多了，单单是管人就要牵扯很多精力，制定各种各样的制度，但是员工和部门经理的怨言却依然很大。"

由此可见，一家企业要在管理上跃上一个台阶，从解决生存问题进化到解决发展问题，就需要完善企业的各项管理制度。其中包括各部门分工是否明晰；是否各项关键的营销职能已经落实到部门，甚至落实到个人；企业在与客户打交道的过程中各部门配合的是否顺畅；员工对于自己的工作任务是否有能力、有热情去完成；企业应该采取什么样的措施促进、推动这些工作的完成等等。任何一个方面的问题，都会影响到企业整体的运营效率，都有可能使得企业在激烈的市场竞争环境下处于劣势，这就是营销执行力的问题。它体现在营销分析、计划、执行、控制的各个环节。

并且，影响和决定企业营销执行力的，不只是个人执行力，更重要的是组织执行力。什么是组织的执行力呢？它不单单指营销部门落实各项政策、实现销售目标的能力，还包括相关部门、相关工作的水平和效率。企业间各部门是个相互配合的有机体，比如，年度营销计划、营销预算的制定要涉及到财务部门；营销人员的绩效、激励和考核工作要涉及到人力资源部门；新产品开发需要研发、生产等部门的配合；生产、运输、库存能力等也会很大的影响产品销售。因此，营销工作执行力的提高涉及到研发、生产、储运、财务、人事各个部门。如果各部门之间没有明确的职责划分，没有清晰的工作流程，没有相互配合、团结协作的企业文化，营销执行力的提高就只是一句空话。

你知道吗？

对个人执行力的重视和对组织执行力的忽视是我们企业普遍存在的问题。而实际上，对个人执行力的判断是比较容易的，我们只需要去观察他的做事方式和成效就可以了。但是，对于组织执行力的判断则需考量许多方面。

一个组织对营销计划的实施主要涉及以下几个问题：如何在企业内部各部门和各阶层间分配及使用现有的资源；为了实现企业目标，还需要获得哪些外部资源以及如何使用这些外部资源；为了实现既定的计划目标，需要对现有的组织结构、业务流程、管理制度做哪些调整；如何处理可能出现的利益再分配与企业文化的适应问题；如何进行企业文化管理，以保证营销计划的有效执行等。

计划是第一步也是关键的，它明确了发展策略，指明了做什么样的事是正确的。运营体系是计划实施的保障，通过运营系统的运作来将这些正确的事做好。也就是说，明确了发展方向与具体工作之后，就需要对这些工作进行分工，需要有不同的部门与人员分别承担不同的职责，并赋予他们相应的权限。同时需要明确他们如何配合在一起工作，如何一项一项履行自己的职责，内部日常事务处理的程序和规则是什么，如何对执行过程进行管理，如何对部门与人员进行激励、考核以确保最大限度激发员工的潜能，实现计划目标。营销计划与营销管理运营体系的关系见图1-1。

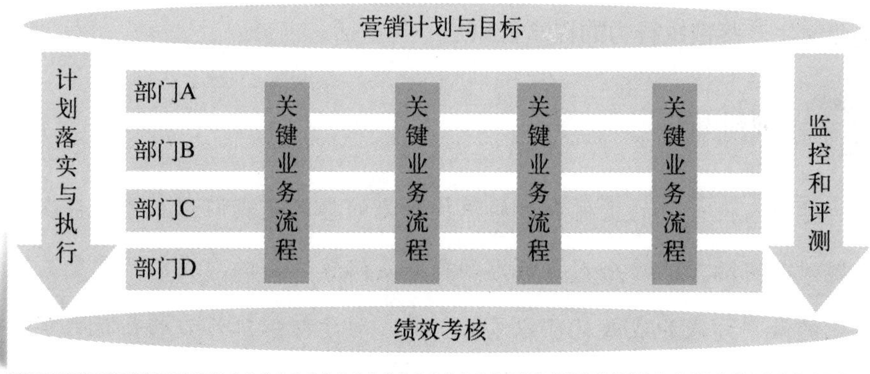

图1-1 营销计划与营销管理运营体系的关系

对于任何企业的生产经营活动，只有最终取得良好的经营业绩，获得丰厚的利润，才能为员工提供丰厚的薪水和良好的职业生涯发展空间，从而发挥员工的积极性和创造性；才能有足够的收入用于企业项目研发，从而持续为客户提供优良的产品和服务，满足客户的需求。企业只有拥有了满意的客户、积极的员工、高效的组织结构和业务流程才能保证企业股东权益最大化目标的最终实现。

教你一招

注重执行的企业策略的实施能力会优于竞争对手，因此企业会更出色。为了确保工作能按照计划实施，领导者应当经常问自己这样的问题：

1、根据企业的整体发展计划和所处市场环境的特点，营销工作是否紧紧围绕着为了满足消费者的市场需求而明确各具体业务发展计划和行动方案？

2、这些计划是否被分解为具体的定量及定性的目标，并被明确到各部门的具体人员身上？这些目标本身及其实施计划的制定是否是各部门全体人员的共同参与，并经过了自下而上和自上而下的几个循环过程，其科学性、可操作性、部门协调性是否可以得到保证？企业是否根据计划的执行情况和目标的实现情况确定了相应的绩效考核体系？

3、企业营销系统中现有的组织结构、业务流程是否是围绕着以最快和最方便的方式满足消费者市场需求、保证企业目标和计划的实现而设计的？企业营销系统的运作过程是否可以保证各部门各流程之间随时沟通与协调？与各部门各流程运作相配套的管理制度之间是否相互协调，其制定过程是否有企业员工的广泛参与并得到一致的认可，并且是落实在各部门员工的日常工作中，而不是锁在公司的文件柜中。与制度执行相应的监督和奖惩措施是否落在实处，是否根据制度执行中出现的问题进行及时的调整和安排？

对上述问题的明确回答，可以使企业站在一个系统、整体的角度来看待计划规划与执行实施。当今的公司组织都非常庞大而复杂，每一个部门都处于不断的变动之中，包括结构、思想、决策和人力等各方面的因素都要随着外部商业环境的变化而不断变化，但管理运营系统是始终不变的。不仅非常稳定，而且管理运营系统还提供了一种具有高度一致性的框架，并以此限定公司员工思考、行为和行动的方式。就这样，一段时间之后，这些思考、行为和行动方式就自然而然地植入到了公司文化当中，成为公司文化的一部分。运营系统是否能高效运作，是企业实现计划目标，降低经营风险和成本、提高营销效率、改善经营业绩的重要因素。

完善的营销管理体系

要将计划正确转化为整个营销系统一致的行动必须通过规范化的形式来完善营销管理体系，从组织结构、业务流程、管理制度等各方面进行系统而规范的规划，为执行人员按照营销计划的要求展开行动提供强有力的支撑和保障。

1. 合理的组织结构是有效执行的平台

营销计划是运营体系运转的依据和根源，而确保营销计划得以正确执行就必须依靠组织体系的力量。一个完善的营销组织体系，能够通过对关键业务的提炼，准确定位企业核心职能，构建起整个部门和职位体系，从而形成良好的管理平台，推动营销计划有效执行。缺乏良好的营销组织体系，是执行力欠缺的一个关键原因。不少管理者对于组织体系对执行力的影响缺乏足够认识，过于孤立地看待执行力，忽视了执行力所需要的内部环境和管理保障。具体表现有：

企业总部组织职能缺乏。对企业总部的营销组织体系而言，为了强化策略执行，需要确定策略性、统筹性和辅助性三大类管理职能。策略性职能保障整体营销计划的科学性和前瞻性，统筹性职能保障营销计划在执行过程中得到全面协调，辅助性职能为营销计划的执行提供后勤保障，从而使整个组织体系的核心职能充分体现出专业性。现实中，许多企业的做法却不是这样。他们一方面要求销售人员必须按公司政策开展工作，另一方面又缺少必要的部门来行使各项专业职能，盲目追求“机构精简”。比如，缺少专业的营销计划部门，导致销售部门缺乏执行过程中的方向指导，无法“做正确的事”；缺少销售计划预测部门，凭感觉行事，造成产、供、销、物的衔接时常“掉链”，无法确保产能的均衡运作，更无法建立高效的供应链保障体系。这些问题都削弱了执行力。

区域组织职能缺乏。不少企业的领导对区域销售组织的认识仅仅局限于“业务”层面，认为销售人员所做的事情就是业务工作，而没有认识到区域销售组织其实是一种管理平台，除了核心的销售业务工作之外，还要承担必要的管理职能。有的企业在设立区域销售组织时，全部都是销售业务人员，这就形成了省级经理“光杆司令”的局面，根本无法做到对区域市场的精耕细作，对整个销售业务过程缺乏系统的评估和指导，造成策略无法执行到位。

总部与区域组织之间缺乏对应和互动。企业没有考虑到区域和总部双方职能的对应和互动，一方面使一些工作的处理缺乏层级，另一方面则缺乏顺畅的沟通。比如，企业要求销售人员填制销售日报表，规定日报表的处理部门是总部的销售经理，但销售经理精力有限，无法对大量的日报表及时回复和深入处理，这就造成销售人员产生逆反心理，不愿认真填写日报表，大大削弱了销售日报表的作用。又如，企业没有在总部和区域之间建立营销计划的沟通体系，区域市场产生的一些好思路没有及时、系统地反馈到总部，双方信息沟通错位，不能形成有效整合，造成总部无法从销售一线得到正确信息和思路，区域销售组织也无法正确有效地执行公司政策。

2. 明晰的业务流程是有效执行的关键

要想达到理想结果，必须对执行过程进行严密监控。有什么样的过程，就有什么样的结果，只有管理过程才能控制结果。营销系统应根据整体营销计划和关键业务的要求，制定出系统的营销管理制度，通过严格的规范明确业务运作过程中的工作标准，并对工作结果进行有效评估，从而保障营销计划和关键业务的正确执行。但是，很多企业的绩效指标缺乏明确的指向性，与整体营销计划关联度不高，没有反映出关键业务的要求，在实际执行过程中难以推动。事实上，计划执行的过程管理不能事无巨细，一定要围绕关键业务来展开。

国内大量企业在运作过程中，多是依靠一级一级领导的推动来完成工作的：一项工作如果没有领导过问，就没有人处理，也没有人承担责任；一项工作只能在两个部门领导——“同级别”之间进行。这种现象产生了众多“企业病”：内部运作效率低下；影响领导者对重要工作的关注和思考；营销人员缺乏锻炼，滋生依赖思想；各部门间缺乏顺畅沟通，营销计划难以执行到位。要改变这种现象，企业就必须从“靠领导推动”转向“靠流程推动”，简化工作决策的环节。

靠流程推动的关键在于：

提炼关键业务流程。靠流程推动的重点在于靠关键业务流程推动，20：80法则永远是处理复杂问题的根本原则。企业要驾驭庞大的营销业务网必须建立几个核心支柱——营销关键业务，而这些关键业务的提炼则来自于系统的整体营销计划。关键业务必须充分体现整体战略思路的要求才能成为营销业务活动正确执行的依据。企业需要提炼出营销关键业务，通过对关键业务的流程进行设计，来保障整体业务的顺畅运作。

确定流程核心内容。业务流程由许多个流程点组成，提炼出关键业务流程只是初步确立了关键业务的流向，要使业务流程流动顺畅，还要明确流程点所包含的内容。事实上，表面上确定流程点及其内容，本质上是在确定业务流程运作的规范。每一个流程点都代表一项具体的业务工作，营销部门在处理这些工作时，都应该按照统一的规范执行以保证运作效率，而不是你有你的理解、我有我的做法。

明确流程运作部门。每一项业务流程都可能涉及多个部门的共同运作。那么在这个过程中，必须明确各个部门的角色是什么，谁是主导部门、谁是参与部门，谁应该承担什么责任、应该具有什么权限。这些内容都必须在描述关键业务流程时体现出来，这等于给各部门在业务流程中的职能进行定位。定位明确，各部门才能各司其职、各负其责，业务流程才能顺畅运行。

规定流程运作时间。业务流程的时间要求体现在两点：一是每个流程点的内容应该在什么时候完成；二是处理这些内容的时间应该有多长。这样，每项业务流程就具备了结果性，而不是一直处于运作过程中。

确定流程评估标准。在靠流程推动工作的体系中，必须要使业务流程本身具有检核或者信息双向流动的职能，以便对业务流程的结果予以评估和传递，从而保障这项业务流程运作的效率和质量。

3. 奖惩适度的绩效考核是有效执行的动力

管理者往往寄希望于通过培训来提高营销人员的执行力，殊不知在一个缺乏公平体现贡献价值的环境中，营销人员对公司要求他们不断上进的做法是无法有效接受的。事实上，这些管理者忽略了营销体系执行的真正动力来源——绩效考核。这套体系若没有建立起来，执行力不会自动产生。国内企业在营销团队绩效考核上的问题，主要是未能掌握一些基本原则，因此不知道应该设计哪些绩效考核指标，以及应该如何掌握绩效考核的过程。这里提出几点简单有效的绩效考核原则：

营销绩效考核体系应该围绕企业的整体营销计划建立。绩效考核一定不能脱离营销关键业务，要有助于整体策略目标的达成，而不能想当然地一味强调所谓的“全面性”。一些企业制定考核体系时从大到小、从定量到定性、从业绩到态度等方方面面制定了一大套考核指标。表面上看起来各方面都考虑到了，可事实上这种体系在实践中根本无法执行下去。绩效考核围绕策略规划的重点就是要设计一套关键绩效指标（KPI），这种方法融合了目标管理和关键业务界定两种方式的优点，既有明确的目标导向，可以确保“做正确的事”，又抓住了关键业务，可以最大限度调动人力资源。

营销绩效考核体系应该在机会上创造平等。绩效考核的根本点就在于营造一种机会平等的环境，使大家能在同样的平台上展开公平竞争，并且获得公平的回报。实践中这种机会上的平等必须充分考虑各类营销人员工作性质的差异，确保大家都能从企业的成长中获得价值。

营销绩效考核体系应该体现个人与团队的平衡。执行力并不是简单地由个人来达成的，而是由组织来达成的。因此，执行力的强化就必须在个人和组织之间形成一种平衡关系，既不至于因强调个人英雄主义而削弱了组织的力量，又不至于因强调团队而湮没了个人的特性和价值体现。在实际考核中，要做到因团队的成长而带动个人的成长：如果一个部门赢得了公司的奖励，这个部门的所有人员都应该分享到这种奖励；而对于其中贡献突出的个人，部门应给予其相应的激励以区别于一般贡献的人员，这样才能激励一大批人员愿意“冒尖”、敢于“冒尖”，树立起团队中的个人样板。这一点在企业绩效考核体系中必须明确，力求在组织中形成一种竞合关系——竞争与合作并存，从而推动整个营销组织的执行力。

另外，要想对系统运行的过程进行有效管理以提高营销系统的执行力，还必须建立强有力的营销反馈系统，当执行不力时能够及时纠偏。首先要给予适当的“输入”——投入、指令等；其次，需要建立反馈系统。一个反馈系统包含下列内容：一是对中间结果的监测；二是将监测结果反馈给下达指令者；三是利用反馈信息调整“输入”。

同时，在完善的营销管理体系中，IT系统为营销执行提供了技术支持，企业员工构成了营销执行中最重要的因素。

第二章

业务流程

——建立以客户为导向的高效内部服务链

从流程的角度看营销

为什么业务流程影响执行力

什么是流程？

流程（Process）是产生某一个结果的一系列作业或操作，特别是指连续的操作或处理。它指的是事情的始末，事情发展变化的过程。更强调目标，在保证实现目标的基础上，追求高效率和低成本。“流程”强调“流转”，通过人员之间的配合和协同来发挥效用。

为什么流程在最近几年，越来越受到人们的关注？归根结底，还是由于激烈的市场竞争。在短缺经济下，谁能发明新的产品，并且扩大生产规模，能够生产出足够多的产品来满足市场，提高效率、提高生产能力，谁就能立足于市场。因此管理重点在于专业分工明晰，并且以尽可能少的时间，生产出尽可能多的、高质量的产品。随着过剩经济的到来，企业的经营重点已经从生产和研发转向了市场和销售，管理难度在于能够在合适的时间、合适的地点、以合适的价格、生产出恰是消费者需要的合适数量的产品。这就需要企业能够及时捕捉住消费者需求，而且使得企业的研发、采购、生产、储运、渠道等各部门都能根据消费者需求“随需应变”。哪家企业反应的速度快、质量高，哪家企业就会拥有竞争优势。

容易与流程的意义混淆的概念是职能。职能往往描述的是这个部门和机构是干什么的，是个静态的概念。而流程强调的往往是为了完成目标任务，部门内部和部门、机构之间是如何进行沟通与配合的，是个动态的概念。

业务流程的内涵

流程中一般包含信息流、物流和资金流的某一个或几个方面。

信息流。所有流程都包含信息流。信息流对于流程的周期和成本均有直接影响，因此所有业务流程都可以从分析企业的信息流着手。业务流程优化重组的一个重要目标便是加速信息的传递和共享。只要对企业里用来传递指令、报告的单据，文件和报表加以分析，就能很快明了指令、报告产生于何处，谁会利用这些资料，其中的环节有哪些，是否会出现信息盲点。特别是发现那些可能需要共享这些资料的部门，观察他们利用这些资料的方法，找到那些使企业信息流不通畅的环节，便能很好地规划出进行业务流程重组与优化的目标，

物流。物流过程的完成，才使企业的价值得以实现。物流是满足顾客需求的主要手段，也是业务流程中主要的成本发生领域，对物流的分析和调整是业务流程优化重组中降低成本和提高顾客满意度的直接手段。

进行物流分析的一些具体方法包括：

- 分析是否能用信息流代替物流。比如接收客户的生产计划信息，为客户直接发货到生产现场。双方从省下来的二次运输上分享收益；
- 分析是否采用自动补货机制，代替客户订货送货方式；
- 分析是否需要就近存放，缩短为客户供货的时间，比如在客户所在的地点租用库房；
- 分析现代物流手段的利用价值，比如建立自动货仓及零部件配送体系。

资金流。不是所有的流程都发生资金流，但是，发生资金流的流程常常存在很多的问题。资金流分析首先要找出那些出现资金沉淀或阻碍的环节，引起的原因主要包括信息不畅、不全面或作业效率低下等等。改善资金流是对企业的极大贡献，因为许许多多的破产企业不是因为亏损，而是因为现金流枯竭。

从管理理论上来看，强调组织流程并不是一个新观念。迈克尔·波特的“价值链”模型就是这方面最著名的例子，如图2-1。在这个模型里，企业的经营活动被看作是一条链，并将企业的活动分为两类：主要活动和支持活动。主要活动为公司的产出增加对于那些愿意购买这些产出的顾客而言的价值，支持活动支持目前和未来的基本增值活动（primary value adding activities）。在向顾客提供产品的过程中，价值链上主要活动之间的紧密衔接有助于物流和信息流在这些活动之间的顺畅通过。每项活动及活动间的衔接都要强调对顾客的增值，确保各项活动引起的价格增加不高于该活动的费用。图2-1为一个组织的“内部价值

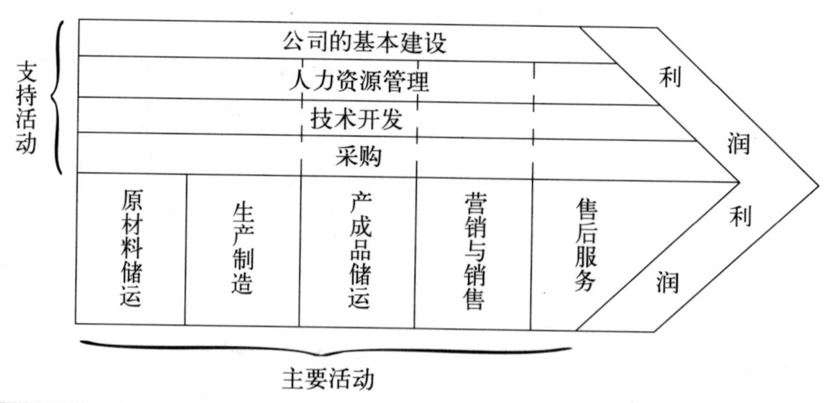

图2-1 “价值链”模型

链”（internal value chain）。可以看出，经营流程的各项基本活动与大部分企业的职能部门名称是相同的。

在图2-2中，每个企业还需具有一条“外部价值链”（external value chain），即其所在环境下的一条供应链（supply chain），才能将商品价值最终传递给消费者。

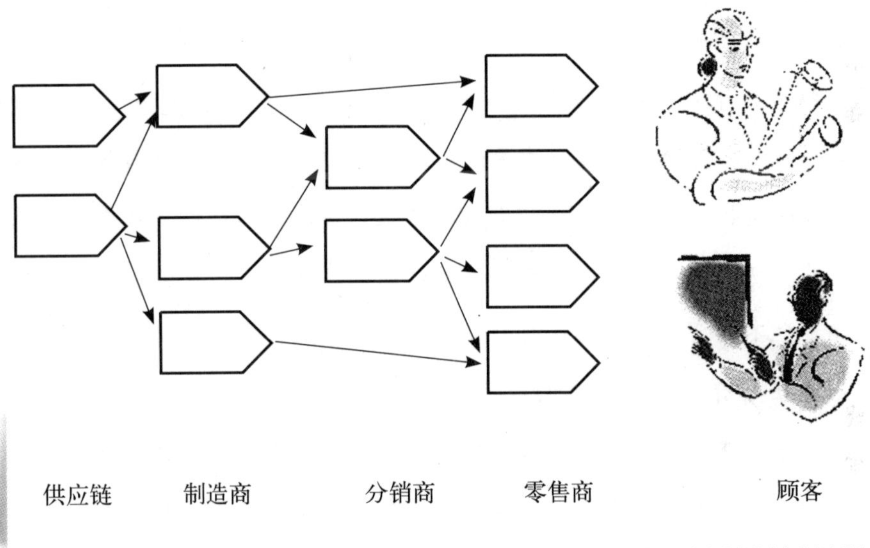

图2-2　外部价值链

业务流程对企业执行的影响

看一个有关流程的例子：有一家专门生产工业设备的制造商，他的一个客户为了满足自身的特殊需要，在递交订单时经常附上对产品的特殊修改要求。当企业收到这些订单后作出了相应的反应，如果详加叙述，肯定令人啼笑皆非。

客户的订单首先转到了一位客户服务代表（CSR）的手里，他立即传达给了产品设计师，而产品设计师对客户的修改意见常常持抵制的态度，他认为没有必要花费自己的宝贵时间修改早已定型的设计。因为他的工作职责就是开发和设计新产品，并从中获取工作回报。按照客户的要求修改产品早已超出他的职责范围。另外，他凭什么听那个售后服务代表指挥？于是，对峙出现了，一个认为应该执行客户的要求，一个心里一百个不愿意。经过一番争论，结果还算不错，那位售后服务代表最终说服这位设计师，对产品进行了修改。但是，同样的争执还会发生在工艺工程师身上（因为他也不想修改他的产品生产系统）。而且生产工序员也不同意（他不想因此打乱早已制定好的生产程序安排）。可以说，几乎所有与产品有关的人员都会因为客户的“一纸请求”而“牵连”其中。糟糕的是，除了售后服务代表之外（他的职责就是最大限度地倾听并反馈客户的需求），其他人员都会在不同程度上抵制客户的要求，最终导致根本无法按照客户的要求完成订单。每当这家企业收到附有特殊要求的订单，都会像是在平静的水面投入了石子，惹得原本太平的企业产生一场不小的波动。由于每位客户的要求都需要以不同方式进行处理，每一次处理的结果都不可预料。每份订单的要求都会引发企业内部剧烈的震荡，从而消耗掉大量的生产资源。这家企业对此做过计算，满足这样一份订单需要一个多月的时间，但是真正按客户要求完成产品的修改只需不到三天的时间。那么其余的时间干什么用了呢？答案很简单，都花在无休无止的争吵上了。

故事讲完了，是否有似曾相识的感觉。在这种情况下，无论企业制定出什么样的战略、计划，一旦涉及到部门之间的配合，尤其是需要某个部门多费一些功夫或者增加了工作难度和强度的时候，往往就又会回到原来的老路上，理想中的计划很难实现。年终总结时，看着年初满怀信心制定的计划，对照着年终并不如人意的结果，“执行不力”无疑是阻碍企业发展的“绊脚石”。

你知道吗？

事实上，在很多企业里都存在着类似的问题。一方面，企业强调要以客户为中心，通过不断满足客户的需求来提高企业的竞争力；另一方面，企业的内部又延续着固有的管理模式和考核系统，各部门依旧各自为政，不管客户天大的事情，程序走到我这个部门就得按我的规矩办。给客户和员工的感觉就是企业说的跟做的是两回事。

细加思考，为什么会造成这样的结果？当公司目标和市场计划制定出来后，通常领导会把目标分解到各个部门，大家分头完成。接下来的是各部门完成自己的任务，部门领导和公司领导进行阶段性的检查，解决问题和矛盾。分解的做法对不对，答案无疑是肯定的。把工作分解，进行专业化分工，并把工作任务落实到明确的部门和个人头上，这种做法没有任何问题。但是不是做完这部分工作，领导的任务就结束了呢，显然不是。还需要领导和各部门的负责人在一起确定各项关键工作所涉及的各部门的配合机制，包括主导部门、关键内容、响应时间、评价标准等，就是我们说的业务流程。只有这些内容确定了，类似于“实现客户满意”这样的目标才不会是一句空话。此外，还需要领导对流程的执行情况不断跟进和调整，即“持续改进”，使其真正运转顺畅、满足市场需要。

对流程的强调意味着要从如何完成顾客定单、如何开发出新产品或者如何实施营销计划的角度考虑问题，而不再局限于各职能部门分工的界限，甚至有的时候需要人为的打破职能部门之间的界限。下表列举了职能制的优点与不足：

著名企业家古井贡集团董事长王效金先生在其《经营管理选集》里对执行力的阐述是：“什么叫营销执行力，执行力就是认真、认真、再认真，深入、深入、再深入，过细、过细、再过细，落实、落实、再落实。”从过程的角度来看，就是对营销的各项关键流程进行认真、深入、细致的考量和落实。

以顾客服务为核心的业务流程

结合上一节中介绍的“价值链”模型，可以从流程的角度将企业的营销工作分成以下几大模块，以制造企业为例：

每个模块下，又可以细分出不同的业务流程：

市场与客户分析

- 日常市场信息收集、处理和共享流程
- 市场调研流程

新产品开发管理

- 新产品需求计划的编制

- 新产品开发可行性研究
- 新产品设计与开发——工业造型设计
- 新产品开发总体规划
- 新产品设计与开发——结构/样机
- 新产品验证——小批试制与试制评审
- 新产品验证——市场、物流验证评审
- 新产品开发总结与回顾
- 新产品开发项目更改
- 新产品定价流程
- 新产品上市流程

市场与销售管理

- 年度营销计划及调整流程
- 月度营销计划制定与监控流程
- 销售预测流程
- 渠道设计
- 订单管理
- 样品的申领、发放与监控
- 产品价格调整流程
- 销售折扣（返利）政策制定与调整
- 销售折扣（返利）政策执行
- 经销商选择与评估
- 经销商档案管理

- 经销商战略伙伴关系的建立
- 价格体系维护
- 传播计划的制定、修改及跟踪回顾的过程
- 分公司传播费用的申请、审批、结算流程
- 服务供应商选择与战略伙伴关系建立及维护(指广告商、公关公司、媒体等）
- 经销商退货

提供产品与服务

- 月度生产计划的编制
- 采购计划的编制与跟踪
- 供应商战略伙伴关系建立
- 内部订单交付
- 仓库管理
- 运输外包方的选择

收款与售后服务

- 退货处理
- 服务费用结算
- 回访与服务质量监控
- 服务中心经营计划编制及管理
- 投诉处理与咨询流程
- 顾客服务关系管理
- 顾客满意度调查

- 服务网点的设立、监控、评估及撤消

财务与成本管理

- 年度预算编制流程
- 预算监控与调整流程
- 资金管理
- 服务采购招标审价
- 费用监控流程
- 对账流程（总公司与分公司之间）
- 对账流程（分公司与经销商之间）
- 应收账款管理——信用额度审批

以上是围绕营销功能的几大模块，列出的一些主要业务流程。通过这些流程，将给企业营销目标的实现提供一个有力的支撑。需要说明的是：

1. 企业无需把每一个流程都做到尽善尽美；而是要挑选对本企业当前和未来一定时期内发展最关键的流程。各家企业需要结合各自的实际情况，如本行业的特征、企业阶段性的目标、不同的环境制约因素，确定各自的关键业务流程，针对这些关键的流程进行改善和跟进。例如，对于家电企业来讲，样机管理因为涉及到的金额大、数量多、对销售影响也比较大，就是个关键业务流程。在消费品行业，物流配送也因为占了成本的很大一部分，对于那些将成本控制定为本阶段重要任务的企业来讲，无疑也是关键任务。希望全面开花、把每一个流程都做到尽善尽美是不现实的，也是不经济的。

2. 竞争环境在不断改变，市场对企业提出的要求也是在不断变化的。因此对关键业务流程的顺序、要求、考核内容等的定期调整是个持续改进的过程，不可能做到一劳永逸。

此外，人力资源管理、信息技术管理、行政管理等部分流程也属于管理支持流程的范畴，因不属于本章讨论的重点，不在此处详细介绍。上述流程，本书将在后面的几节中分别挑选一些典型的流程详细讨论。

流程设计应遵循的重要原则

要从工作的目标而非工作的过程出发，定义岗位职责

- 工作目标是可衡量的；
- 只有达到预期的工作目标，工作过程才是有意义的；
- 如果只考虑工作过程中的活动，最多只能简化现有的过程。

剔除对内部客户和外部客户不增值的活动

- 使企业对内部和外部客户的反应速度加快。

在工作的过程当中设置质量检查机制

- 质量控制是工作过程的一个部分，只有工作的成果符合质量标准，工作才宣告完成；
- 对于任何工作，在工作过程中发现质量问题比在工作完成后的返工成本要低得多；
- 高质量的产品是做出来的，而不是检验出来的。

使决策点尽可能靠近工作点

- 在决策点和实际工作点之间的时间延迟会导致工作进程停止，成本增加。

部门之间的沟通、决策和问题的解决应在直接参与作业的层面进行

- 凡事都汇报给部门领导，由部门的领导进行沟通和解决问题的方式浪费时间，增加企业成本；
- 部门领导对具体问题的了解比基层人员少；
- 部门领导应该利用其经验给出适当的建议，而不是替基层人员做出决定；
- 反复的上下沟通可能会带来信息的失真。

尽可能使同一个人完成一项完整的工作（职责完整性原则）

- 完整的工作增加员工的工作积极性和成就感；
- 完整的工作使得对员工的绩效评价有可衡量的依据；
- 由一个人完成一项完整的工作减少了交接和重复工作。

在工作过程中尽量减少交接的次数

- 工作过程中的交接不增加工作价值；
- 大多数工作过程中的问题是由交接引起的；
- 大多数工作交接引起的争执导致时间延迟。

在工作过程中建立绩效考核机制

- 对工作效果的评价、反馈以及必要的纠正是工作的一部分，不是另外一项工作。

建立工作过程的内在激励机制

- 不能单纯依赖外在的激励机制，内在的激励机制更有效果；
- 内在的激励机制可以减少外在的对工作过程的监控。

尽可能将组织的目标分解到基层

- 将工作结果尽可能量化，以增强员工的时间和成本观念；
- 向基层员工授权，以增强员工的责任感。

减少工作过程中的非工作时间

- 工作过程的等待时间是一种浪费。

识别不增值的工作过程

- 不增值的工作并非不重要的工作；
- 对不增值的工作过程进行判断；
- 设计有效的手段，尽可能将企业的资源从不增值的工作中解放出来。

明确定义职责、相互关系和工作的协作关系

流程设计的工具

流程图

在明确了业务流程的要素和设计原则后，要对现有流程进行分析，讨论理想的流程运行模式就需要先把流程书面化。不要小看这一步，恰恰是因为有了这个过程，才可能使很多现实中的矛盾或脱节一幕了然。由于图案的直观和凝练，人们普遍对于图示方式印象更深，更易被第三者看懂，也便于流程的继承，不至于因为人员的流动使好的运行模式被随之带走。

流程图就是通过图形来表示构成流程的全部作业及其逻辑关系。它和流程说明及相关表格配套使用，是优化和实施流程的重要工具。下面介绍的是被普遍使用的一些图例：

上述图例中，比较常用的是：操作（长方形），决策点（菱形），文本框（波形底的长方形），节点（小圆），流动方向（箭头），离页连接符（漏斗形），电脑服务的数据库（圆柱形），中止符（双钝角的长方形）。

完整的流程文件

一个完整的流程文件至少包括三项内容：

- 标准流程图
- 流程说明书
- 流程中所使用的表格

流程图直观明了，流程说明书详细列示各个步骤的细节要求、流程中出现的文本文件、相应的政策规定和管理规定等等。表格是流程运行中使用的必备工具。

流程说明书一般有下列内容：

1. 范围：说明该流程从哪里开始，到哪里结束。划出清晰的流程边界。

2. 控制目标：定义该流程要达到的主要管理目标与要求。

3. 主要涉及部门：逐一列示流程中涉及的各个部门。

4. 主要控制点：定义流程中的关键环节、关键工作、关键要求，提醒执行人员注意，以保证流程目标的实现。

5. 特定政策：规定该流程的特殊要求、规范和例外情况，以及某些环节操作分支的细节。总之，在其它内容中不方便或不合适定义的问题，可以考虑放到这一部分阐述。

6. 流程说明：对流程图中各个环节的操作说明。注意流程图中一定要对各个步骤进行编号，以便在流程说明中对号入座、逐个解说。

7. 主要涉及文件：流程中少不了信息流的运动，而各种文件就是信息的主要载体，对流程中出现的每一个主要文件（包括各类表格、规划或计划、总结、研究报告或调查报告、总结或检查报告、方案等等），均要清晰界定其名称、编制部门与人员、主要内容、联数、提交部门与人员、提交频率或时限等等内容。

值得注意的一点是，有信息系统支持的流程与没有信息系统支持的流程是截然不同的，在了解任何流程时，必须首先了解流程所依托的信息系统的状况。

市场与客户分析

信息收集、处理及共享流程

流程负责人：信息收集科经理

目的

规范信息的收集和管理机制，提高信息的使用效率，从而有力的支持了管理层的销售预测、营销计划及产品研发等战略性决策。

原则

1. 营销系统实行分级信息管理制度，即

- 一级信息管理体系，指公司营销本部的信息管理。市场营销部信息收集科负责整个系统的完善和管理；

● 二级信息管理体系，指办事处层面的信息管理。办事处内勤负责办事处营销信息的收集、储存、整理和管理。

2. 信息收集和处理应以三个决策层的需求为出发点，即

● 最高管理层：董事长及营销总部总经理；

● 参谋层：市场部及销售总监，物流和生产等系统和职能部门；

● 执行层：办事处经理和销售主管。

3. 信息应按四大子系统分类管理：

● 总体市场信息子系统；

● 竞争对手信息子系统；

● 营销计划、控制子系统；

● 销售业务管理子系统。

涉及部门

● 信息使用部门

● 市场营销部

● 市场调研公司

● 办事处

特定政策

● 除市场部信息收集科外，公司其他部门亦有收集信息之功能，应通过充分沟通实现公司范围内信息的共享和使用；

● 各部门统一使用《信息收集表》作为信息收集工作及绩效考核的依据；

● 各部门信息联络员以兼职方式参加。

流程所涉及主要表格

表2-1

表格名称	填制部门/人员	主要内容	提交时限
信息收集表	信息需求部门	√详细的资料需求要求 √详细收集部门反馈意见	
年度市场信息工作规划	市场研究	√年度各部门信息需求 √年度各部门信息收集、处理职责	
信息使用反馈表	信息使用部门	√信息使用部门对信息管理工作的满意度 √改进建议	
部门信息清单	信息提供部门	√部门信息的摘要	

市场调研流程

流程负责人：信息收集科经理

目的

为了获取某种专项营销信息，组建调研组，通过规范化的步骤利用公司内部或委托第三方调研公司进行市场研究。

原则

在保证市场调研质量能满足管理层信息需求的前提下，尽可能的控制调研成本，合理使用公司资源。

主要涉及部门

- 信息使用部门
- 市场部
- 市场调研公司

特定政策

市场调研活动可根据调研要求和市场部资源选择由公司内部操作或外包。一般涉及消费者或竞争对手调查等较复杂或敏感的调研宜外包。

一定调研金额以上的项目，必须经过董事长/总经理或营销总部总经理审批。

流程所涉及主要表格

表2-2

表格名称	填制部门/人员	主要内容	提交时限
市场调研立项报告	市场研究经理	√调研目的 √提交时限 √调研设计、方法、进度 √资源需求	
市场调研报告	市场研究部经理	√视需求而定	

新产品的开发管理

二 新产品开发流程

流程负责人：产品经理

目的

规范产品开发管理，加强市场部与技术部门之间的沟通，保障整个开发过程以市场为导向，提高产品的市场命中率。

原则

● 严密的阶段关卡开发过程，每一阶段的进展必须以充分的资料为证据。

● 成立产品管理委员会对产品开发的每一阶段严格把关，并最终确定产品类型和明确的标准。产品管理委员会的组成：公司营销本部总经理，产品管理科，营销总部总经理，集团总经理及生产、财务、研发等相关部门领导。

● 产品经理作为协调人，在市场总监的指令下，协调开发过程中市场部与其他部门的工作。

主要涉及部门

● 技术部

● 市场部

特定政策

● 公司应设立专项奖金用以奖励新产品构想被采纳的个人或部门。

● 产品管理委员会的职责：

确认产品立项和新产品开发总体规划；

制定包括产品经理与职能主管的权利和责任在内的新产品开发项目管理章程；

对新产品项目开发进行阶段性评审；

监督项目进展，向项目小组和相关部门提供建议；

评估产品开发的市场效果和开发质量。

流程所涉及主要表格

表2-3

表格名称	填制部门/人员	主要内容	提交时限
新产品设想征集表	创意提出部门	√设想提出人资料 √设想内容、时间	
新产品设想市场调研报告	市场研究部	√新产品顾客需求分析和卖点 √价格敏感度分析 √市场细分	
新产品需求计划	产品经理	√目标市场、产品详尽描述 √产品定位 √预期的生命周期和投资回报	

二 新产品上市流程

流程负责人：产品经理

目的

通过产品上市前的技术、生产、销售和质检部门的复核、把关以及营销系统各部门之间有效的配合，改善新产品的上市成功率。

原则

- 确保产品上市活动整体规划符合公司市场战略和营销年度规划；
- 确保新产品上市过程中不同部门的有效整合，各项活动安排高效、有序，达成项目整体目标。

主要涉及部门

- 市场部
- 技术部
- 销售部
- 销售运营部
- 办事处
- 管理部

程序

公司应视预算和资源许可将上市阶段活动中专业度较高的部分，如调研、广告、公关、发布会、促销策划等活动外包。

流程所涉及主要表格

表2-4

表格名称	填制部门/人员	主要内容	提交时限
新产品上市计划	市场总监	√产品卖点、目标消费群 √营销目标、利润率、销售量 √品牌知名度、市场份额、价格	新产品上市之前一次
区域销售计划	办事处	√区域销售新产品数量 √销售手段 √销售费用预算	新产品上市之前一次
新产品推广计划	市场部广告媒介 市场部促销推广	√新产品传播诉求点、传播方式、媒体 √具体采用的媒介、传播地点、时间、费用	新产品上市之前一次
新产品上市评估计划	市场总监	√新产品上市时间保障评估 √新产品传播计划执行评估	新产品上市之后一次

二、新产品定价流程

流程负责人：产品经理

目的

● 确保新产品定价充分考虑市场变动因素，结合新老产品库存结构和分摊成本制定最优的产品定价组合。

● 确保新产品的定价符合产品本身的市场定位。

● 确保新产品的定价满足公司销售目标和利润目标的要求。

● 确保新产品的定价充分考虑产品生命周期内的价格和利润变动影响。

● 确保新产品定价活动吻合公司整体发展战略，并有效满足公司产品战略、市场战略和销售战略的需求。

● 确保新产品定价活动以市场为导向，充分考虑竞争者、消费者、代理商等市场因素。

● 充分考虑成本因素，充分考虑研发、生产、销售等相关部门的衔接性。

主要涉及部门

● 营销本部

● 市场营销部产品管理科

● 信息收集科

● 公司财务科/集团财务部

● 销售管理部/办事处

主要控制点

● 公司营销本部总经理与市场总监根据年度营销计划和预计市场份

额审核新产品定价草案。

● 公司财务科/集团财务部根据财务可行性分析和投资收益审核新产品定价草案。

特定政策

● 新产品定价必须市场因素、产品成本分摊和销售利润目标三方面相结合并考虑老产品的库存结构和产品的生命周期，以制定最优的产品定价组合。

● 产品管理科在新产品定价时应对新产品进行定位，明确产品是否为同类产品的领导者。首先调整价格后能否影响较小的公司也随之进行价格调整，是否有现金产品。如果产品是市场的追随者，产品价格与市场产品领导者的价格策略是否保持固定关系。

● 必须确定客户购买或不购买的原因相对于营销组合中的其他因素的重要性。需要对消费动机和消费行为进行研究，如果价格水平对客户购买的决策起决定性的作用，则会增加定价压力。

● 通过弹性定价模型制定产品价格，并且明确公司产品的弹性。

新产品开发总结与回顾流程

流程负责人：产品经理

目的

● 确保每次新产品开发的技术文档和管理文档得以保存。

● 确保每次新产品开发的经验教训得以规范系统的保存，以指导下次产品开发。

● 明确产品开发成功与失败的责任归属，提高新产品开发市场命中率。

● 确保新产品开发的设计文档齐全、正确、有效。

● 确保新产品开发过程中积累的经验和知识得到管理和共享。

● 确保新产品开发的奖惩措施和激励政策得到贯彻和实施。

主要涉及部门

● 公司营销本部

● 产品管理科

● 销售部

● 公司售后服务科

● 产品管理委员会

● 公司财务科

主要控制点

● 研发部审核新产品小批试制任务书及小批试制计划。

● 产品管理委员会审阅评审报告。

● 产品管理委员会召开新产品小批量试制鉴定会议以判断是否需要进行市场测试。

特定政策

● 新产品开发的所有设计文档（包括开发文档、管理文档、产品文档）要符合国家标准和企业标准的有关要求。成套图册编号应有序，文件与实物应相符。

● 所有设计文档应由产品经理统一汇总，在有条件时纳入信息系统支持的新产品开发数据库。

● 产品开发项目组所有的成员必须按照公司开发文档的管理规定将工作成果和设计文档上交归档部门管理。对私藏技术的人员及时批评，防止知识产权的流失。

● 文档是产品的重要组成部分，将文档完成情况列入绩效考核的主要指标，促成知识管理和知识共享的企业文化。

市场与销售管理

年度营销计划和预算的制定流程

流程负责人：市场总监

目的

● 为了更好的贯彻集团下达的营销系统长期目标及短期经营目标，强化预算的资源配置、综合平衡、评价监督功能，健全预算管理体制，保障营销系统发展的稳定与效率。

● 确保营销本部的年度营销规划符合集团整体战略规划和年度预算。

● 加强各职能部门的参与，提升对市场的把握能力。

原则

● 由市场部发起，营销系统其他部门参与，强调各部门及各办事处作为一个整体的不同部分的相互协调性。

主营涉及部门

● 集团管理层

● 公司营销本部

● 市场营销部

● 销售管理部

● 各办事处

● 财务部

特定政策

● 建议成立年度营销计划评审委员会，成员包括：集团总经理、营销总经理、公司营销总经理、市场总监、销售总监、财务部总监。

● 流程建议成立项目小组协助市场部制定年度营销目标和策略初案。

● 对流程各环节的时间必须严格把控，并将其作为绩效考核的依据。

流程所涉及主要表格

表2-5

表格名称	填制部门/人员	主要内容	提交时限
年度营销计划编制指引及时间表	市场部	√明确规定营销本部门及办事处在编制年度营销计划中的职责分工 √列清各部门详细的资料提交清单 √年度营销计划编制的各阶段时间进度	每年一次
年度营销计划	市场部	√营销工作年度总结、营销现状分析 √营销目标，各营销要素组合策略 √营销系统共同的行动计划及预算	每年一次

特别说明

1. 营销系统实行分级预算管理制度，即

●一级预算：指营销系统的预算。

●二级预算：指营销系统各职能部门的预算。

●三级预算：指二级预算部门以下的办事处等。

●各级总预算由本级预算和下一级预算加总而成，各级预算部门必须严格执行本制度。

●预算年度由公历1月1日起，至12月31日结束。

2. 年度营销计划与预算的主要内容

●销售预测。

●营销方案。包括整体方案、环境分析及对策方案、市场推广方案、价格方案、折扣方案、客户激励方案、费用开支方案、产品销售方案、客户开发与管理方案等，以及各方案要达到的预期目标。

●营销计划。包括每月的销售计划、推广及促销计划、库存及应收账款控制计划等。

●损益预算。销售费用（含明细）、销售成本、销售利润等。

●资金预算。即现金收支计划，包括货款回笼和费用开支等。

●资本预算。即固定资产更新、改造、维修、购置计划等。

3. 编制方法

●各级预算部门应按财务部规定的时间、格式等要求编制和报送预算方案。

●财务部应及时下发编制预算的通知及要求。

● 各级预算部门应参考上年实际情况和本年工作方案编制预算。

● 各级预算部门编制预算时应坚持厉行节约、确保重点的原则，对跨年度的收支单独列示。

● 各项开支必须详细列示计算依据、开支用途、预期效果等。

4. 预算的编制原则

● 由集团财务部提供下年度预算编制公告。

● 市场部总监牵头召集项目小组，确定年度营销计划编制指引及时间表。

● 市场部，销售部及物流部于20天内提供各部门年度计划和预算；财务部提供相关财务分析数据，集团总部提供集团三年规划。

● 市场部进行汇总并制订年度营销大纲（讨论稿），召开营销各部平衡会议，按不同品牌，不同产品系列进行回顾，分渠道、分地区考虑全盘营销工作安排，对营销目标与策略进行调整修改。

● 年度营销大纲由营销评审委员会决定是否通过。

● 集团根据年度营销大纲进行审核修改。

● 各部门根据年度营销大纲，费用目标以及相关营销策略编写下年度本部门具体工作计划。

5. 预算的编制步骤

（1）财务部组织编制汇总一级预算、审核二级预算；二级预算由职能部门组织编制汇总本级预算、审核下级预算。

（2）各预算部门在上报本级预算前，需由本级预算部门负责人签名确认。各项方案、计划必须由预算部门负责人和财务部负责人签名确认。

（3）一级预算由公司营销本部总经理审核后报集团总经理和营销总经理批准，财务部按批准后的一级预算批准各二级预算，以此类推，各级预算部门逐级分解批准下级预算。

（4）财务部必须实事求是的审核预算的编制，对于不合理或不符合公司整体利益要求的部分，有权要求预算部门限期更改。

（5）财务部监督和检查各级预算部门的执行，并按月向营销本部总经理和营销总部总经理汇报预算执行情况。

（6）各级预算由制定部门监督和检查本级预算和下级预算的执行，并按月向财务部和本级部门负责人汇报预算执行情况。

（7）财务部在检查各级预算编制及执行情况时，相关部门必须认真配合。

（8）若下级预算部门变更不影响本级汇总预算，本级预算部门由财务部批准下级预算的变更。一级预算的变更必须由营销本部总经理批准。各级预算一经批准，非经本程序，不得更改。

6. 预算执行

（1）各级预算由其预算部门负责人组织执行。

（2）各预算部门必须严格按照预算组织工作、安排开支。对预算中安排给下级预算部门开支的合理费用，本级预算部门不得任意截留。

（3）非财务部和营销总监批准，严禁预算外支出。

（4）预算部门的各项收入必须按财务制度及时入账，确保收支两条线，不得截留各项收入。

（5）未经财务部批准，各预算部门内的预算费用明细不得转项使用。

（6）各级预算部门应按月分析预算执行情况，定期向本预算部门负责人和财务部汇报，发现问题时应及时提请相关部门负责人解决。

（7）各二级预算部门必须按财务部规定于每月（ ）日之前上报上月预算执行分析报告。

（8）预算年度结束后，各二级预算部门须在（ ）日之内对全年预算执行情况作出总结并上报财务部。

（9）财务部对报来的预算分析进行检查、审核，经核准后，作为对预算部门的考核评价依据。

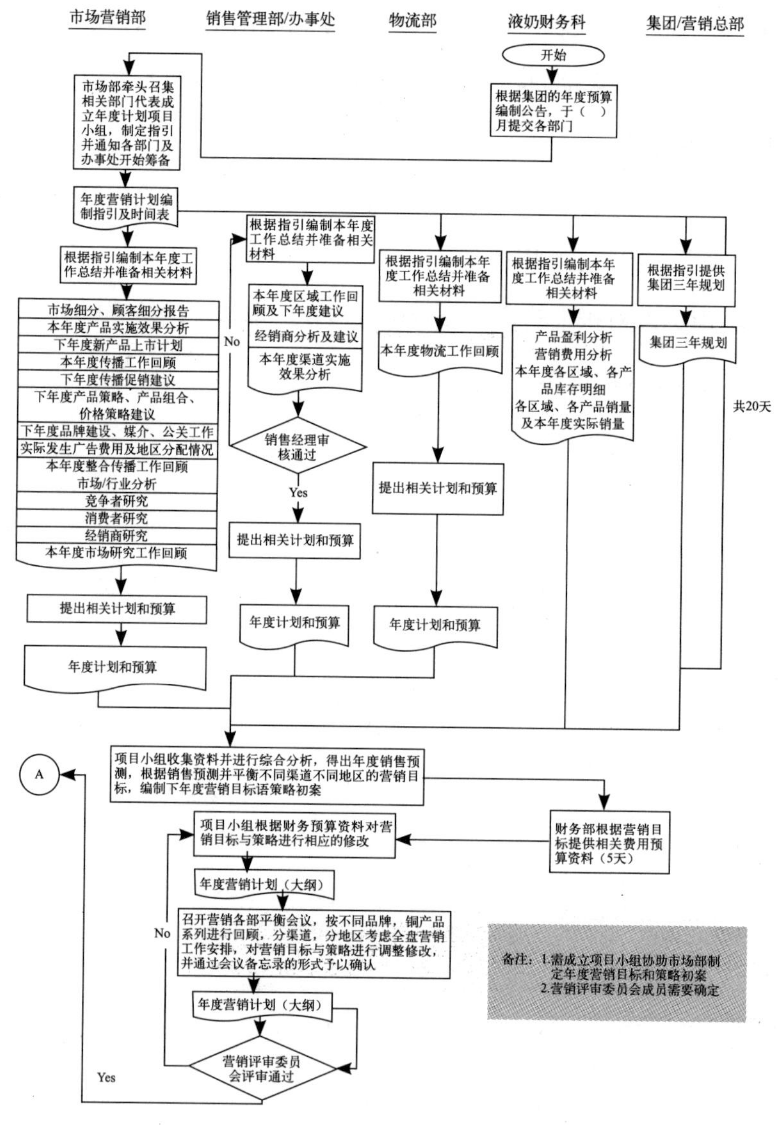

图2-3　年度营销计划和预算制定的流程示例图

年度营销计划和预算的制定及调整流程（续）

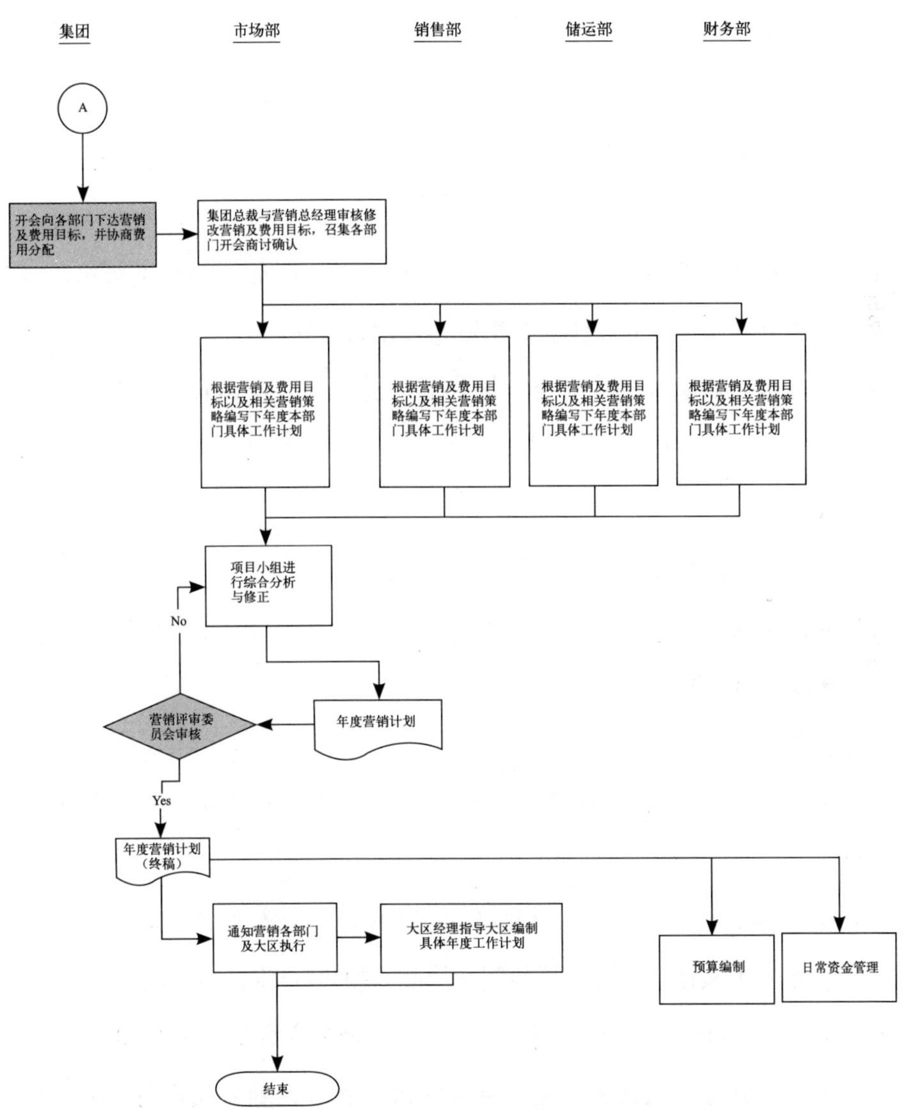

销售折扣（返利）政策的制定与调整流程

流程负责人：市场总监

目的

确保维护公司的整体利益，同时考虑到对经销商的政策激励。通过销售折扣政策的制定实现公司既定的市场策略。

原则

- 由市场部发起，根据销售预测及实际情况对原年度/月度营销计划进行调整，并制定下月具体的营销策略和销售政策；
- 办事处制定详细的月度营销计划，总部据此监控和协调各办事处的营销活动。

主营涉及部门

- 公司营销本部
- 各区域办事处
- 公司财务科

主要控制点

- 财务部根据政策操作的复杂程度，判断是否需要进行财务模型测算。
- 公司财务科审核政策底线测算报告(草案)，判断测算是否正确。
- 财务科/集团财务部审核政策底线测算报告(草案)，进行审批。
- 公司营销总经理对销售折扣（返利）政策(草案)，进行审批。
- 公司财务科从财务角度，确认销售折扣（返利）执行方案的可行性。

●销售总监对销售折扣（返利）执行方案进行审批。

●公司财务科检查销售折扣（返利）执行方案，判断是否有异常情况。

●办事处经理判断是否需向经销商公开此执行方案。

特定政策

销售折扣（返利）包括折扣政策和让价政策。其中折扣政策包括现金折扣、数量折扣、交易折扣、季节性折扣、付款折扣和复合折扣；让价政策包括促销让价、以旧换新让价、免费服务让价和特约优惠让价。

1. 折扣定价策略包括：

（1）现金折扣定价策略：指卖方为了鼓励买方支付现金货款或提前付款而采取的一种定价策略。

（2）数量折扣定价策略：指企业以一定的销量为最低起点，根据购买者购买的数量给予其一定的价格减让，以鼓励购买者连续不断地购买或多购买企业产品的一种定价策略。常见的数量折扣有以下形式：

累计折扣：在规定的期限内，买者购买本企业的商品达到一定数量或金额时给予的价格折扣，这有利于企业长期持续地留住顾客，便于企业进行产品销售预测，减少生产经营计划的风险性。

非累计折扣：规定一次购买某种产品达到一定数量或购买多种产品达到一定金额给予的折扣优惠。

订单折扣：根据用户订单规模的大小给予的一种折扣优惠。同一订单所需产品的数量大，会降低单位产品的加工和运输成本，实现规模生产和规模经营。

分步折扣：根据超过某一数值的购买量给予购买者一定折扣的做法。

（3）交易折扣定价策略：也称功能定价策略，指生产企业根据交易中介在产品分销过程中所承担的功能、责任和风险的不同给予其不同的折扣优惠。它一般采取倒扣率计算方法，即首先确定零售价格，然后按照一定的折扣率或差价率，对不同环节的交易者倒算折扣价格，最后得出出厂价格。

（4）季节性折扣定价策略：指销售企业在商品的购销淡季为刺激和鼓励企业和消费者的购买而给予的价格减让。

（5）付款折扣定价策略：指企业为鼓励消费者和其他企业购买自己的产品或服务而在付款方式上所给予的折扣优惠。通常有如下两种定价方式：

对先付款后提货的买者给予一定的价格减让，且预付货款的时间越早，所获的减让程度越大；

对先提货后付款或分期付款的买者，根据其付款期限的长短确定不同的折扣率。按规定期限付款或提前付款的给予一定的折扣奖励，对超过规定期限的付款者则采取加息加罚的惩罚措施。

（6）复合折扣定价策略：指企业在市场销售过程中，由于竞争加剧而采用多种折扣同时给予某种商品或某一时期销售策略。如在销售淡季可以同时使用交易折扣、现金折扣和数量折扣的组合，以较低的实际价格鼓励客户进货。

2. 让价策略包括：

（1）促销让价：指企业为扩大销售而实行的有奖销售，是一种变相的价格折扣策略。

（2）免费服务让价：在提供有形产品的同时，为顾客提供免费服务。这是市场竞争从价格竞争转向非价格竞争，以服务取胜的重要手段。

（3）特约优惠让价：企业为强化对最终消费者的售后服务，抵制市场假冒行为，维护商品和企业的声誉，特约某些商家按规定经销本企业商品。为此，对特约商家提供一定比例的价格优惠，鼓励商家积极推销自己的产品。

二、销售预测流程

流程负责人：销售行政主管

目的

规范公司销售预测（产销衔接），提高预测的准确性，实现产销平衡，减小库存，以及更好的生产和运输衔接。

原则

- 销售部是销售预测的发起者，根据销售管理部、各办事处及市场部自己提供的销售、库存和市场动态数据每周做出未来两周的滚动销售预测。

- 一方面，销售预测是建立在市场需求基础上设置的由下至上及由上至下的纵向沟通反馈机制，加强办事处的参与，综合考虑管理层的意见；另一方面，销售预测又是综合了非市场因素的在总部层面的横向协商机制，要求生产、财务等部门的参与。

- 明确主要步骤的时间限制，力求缩短流程的时间，提高预测的准确率。

主要涉及部门

- 市场营销部
- 生产部
- 销售管理部
- 办事处
- 销售行政科

特定政策

● 销售预测是制定营销目标的科学基础，但反过来营销目标的制定和分解及具体行动方案的制定又是检验销售预测的标准。因为预测是建立在对现实的预期之上的，而营销计划是对将来活动的一种肯定，可以影响销售预测。

● 对销售预测的时间安排，建议每周进行一次，实行未来两周滚动预测。

● 办事处经理必须重视销售预测工作，组织数据和收集资料。建议对办事处销售预测的及时性和准确性进行考核。

流程所涉及主要表格

表2-6

文档名称	填制部门/人员	主要内容	提交时限
销售预测编制指引	市场部	√明确规定预测需考虑的方法 √预测及数据上交的时间安排 √预测需考虑的因素（销售政策、促销、竞争对手动态等）	每周一次
经销商库存表	办事处销售主管	√经销商名称、日期、库存品种、数量	每周一次
区域办事处销售预测	办事处经理	√结合当地商业库存下属销售代表对商家未来需求预测而编制的分公司销售预测，它包含未来两周分产品、分渠道的需求量	每周一次
销售管理部预测	销售行政科产销协调员	√详细表述未来两周各办事处分周、分品种的最可能的市场销售量	每周一次

二、经销商选择与评估流程

流程负责人：销售行政主管

目的

规范办事处对销售网络的管理和考核制度，创建专业化的服务于企业品牌的渠道资源，从而提升公司形象和销售业绩。

原则

- 确保所选经销商符合公司渠道战略和政策，有助于加强市场渗透和提高销售业绩。
- 确保总部能及时准确的掌握经销商的经营信息，支持销售决策。

主要涉及部门

- 公司营销本部总经理
- 销售总监
- 销售行政科
- 办事处

特定政策

● 定期反馈的报表必须按时保质填报，以电邮或传真形式发送给管理部客户服务员，非定期报表由客户服务员立即转交给相关人员。

● 对经销商的开发与撤销必须按规定和标准执行，不得凭印象随意更换。

流程所涉及主要表格

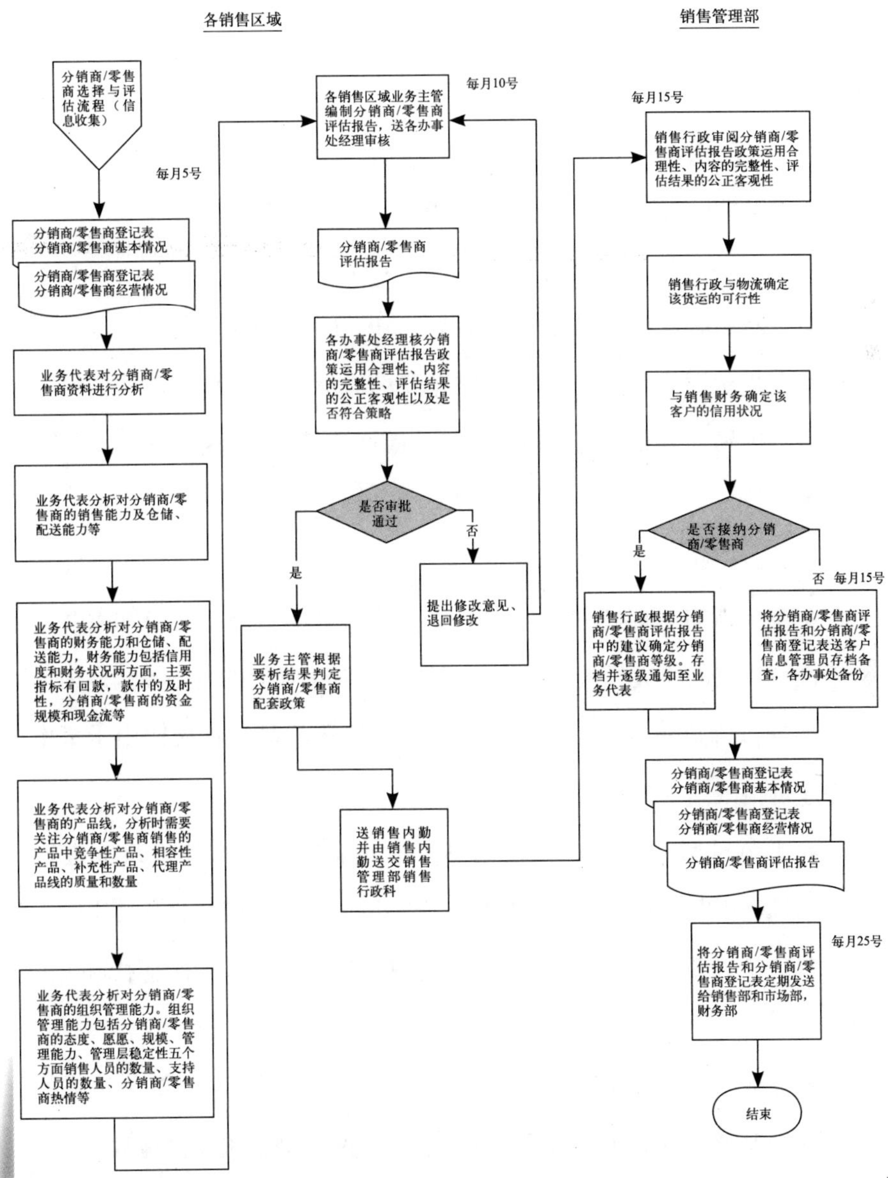

图2-4　中间商选择与评估的流程示例图

产品调价流程

流程负责人：产品经理

目标

- 更好的控制调价对利润的影响。
- 确保调价方案充分考虑市场的情况。

原则

- 从公司形象和利润的角度考虑产品调价策略的制定。
- 在提价时，应通过各种传播媒介沟通信息，向买方说明情况，争取买方的理解，并帮助买方解决因提价而产生的一些问题。
- 调价后，注意分析各方面的反应，特别是购买者的反应，并采取相应对策。
- 避免所有可能的对市场和竞争对手的错误引导，应当加大对竞争对手价格策略的研究投入。在没有了解竞争对手降价的真正原因以前，决不轻率地以降价策略回应，延迟价格反应造成的经济损失比由于草率决策引起价格战造成的损失小得多。
- 避免过激反应：如果公司不得以对竞争对手的降价政策进行回应，尽量使用非价格策略，例如提高产品质量，增加产品服务等手段。如果非得降价，则将降价水平控制在最低限度内并将尽可能地限制降价区域。
- 加强公司产品的价格调整目的的宣传。公司本身的降价造成的价格误导和误解竞争对手价格策略同样有害，两者都会引发价格战。
- 制定公开声明，反对价格战。在有价格战压力的情况下通过各种媒介和方式向公众宣传恶性竞争价格战的弊端，同时鼓励正当竞争。

特定政策

● 由产品经理负责产品调价的协调统筹工作。

● 流程要求产品经理跟踪产品情况，如有必要，应提出调价建议并征询各部门（信息收集、销售部、各办事处）意见，提出调价草案。

● 调价方案需尊重市场一线人员的调价意见；流程要求销售部对调价草案提出指导性意见；财务部根据调整价格提供损益表现及利润分析。

● 产品经理结合各部门对产品调价的意见，提出合理的调价方案，由营销本部总经理决定是否通过。

● 涉及到生产对公司营销本部的供货价格调整的问题，需由营销本部提出，由产品管理委员会决策。

● 最终调价方案抄送各相关部门。

主要涉及部门

● 产品管理部

● 财务部

● 信息收集科

● 销售管理部

● 公司营销本部总经理

提供产品与服务

订单管理流程

流程负责人：产销协调专员

目的

在不增加公司商业风险的前提下，缩短订单的处理时间，使客户和公司在订单处理上更好的沟通，提高客户满意度。

原则

● 订单按付款方式不同分为三种：预付款方式、现款和后付款方式。

● 明确订单管理中每个环节的处理时间或处理时限。

● 由销售行政科统一协调订单处理的生产、储运环节。

● 财务科统一制作出库单，提高出入库信息的准确性，确保营销本部财务账与实物账的一致性。

● 记录准确的销售订单信息。

涉及部门

● 办事处

● 销售行政科

● 财务科

● 物流管理部

● 生产部门

● 经销商

特定政策

● 加强产销协调专员跟踪订单的职能：各办事处的销售内勤收集订货需求，产销协调专员负责从订单汇总到货物发出全过程的跟踪与推进，包括与财务科、生产部门、物流部门等各部门的沟通和及时反馈。

● 流程建议产销协调专员按销售办事处进行分工，分别支持不同的办事处。

● 增强订单审核的职能，其中包括产销协调专员审核客户账户是否有足够的金额并协调订单发货时间。

● 为提高外省订单处理效率，流程建议尽量缩短外省订单处理时间（订单处理时间应该48小时内）。

● 为减少异常订单以及增加需求预测的准确率，应该加强办事处经理每周对订单与销售预测的回顾和监督职能，引导并督促经销商提供准确的需求预测，减少异常订单的现象。

流程所涉及主要表格

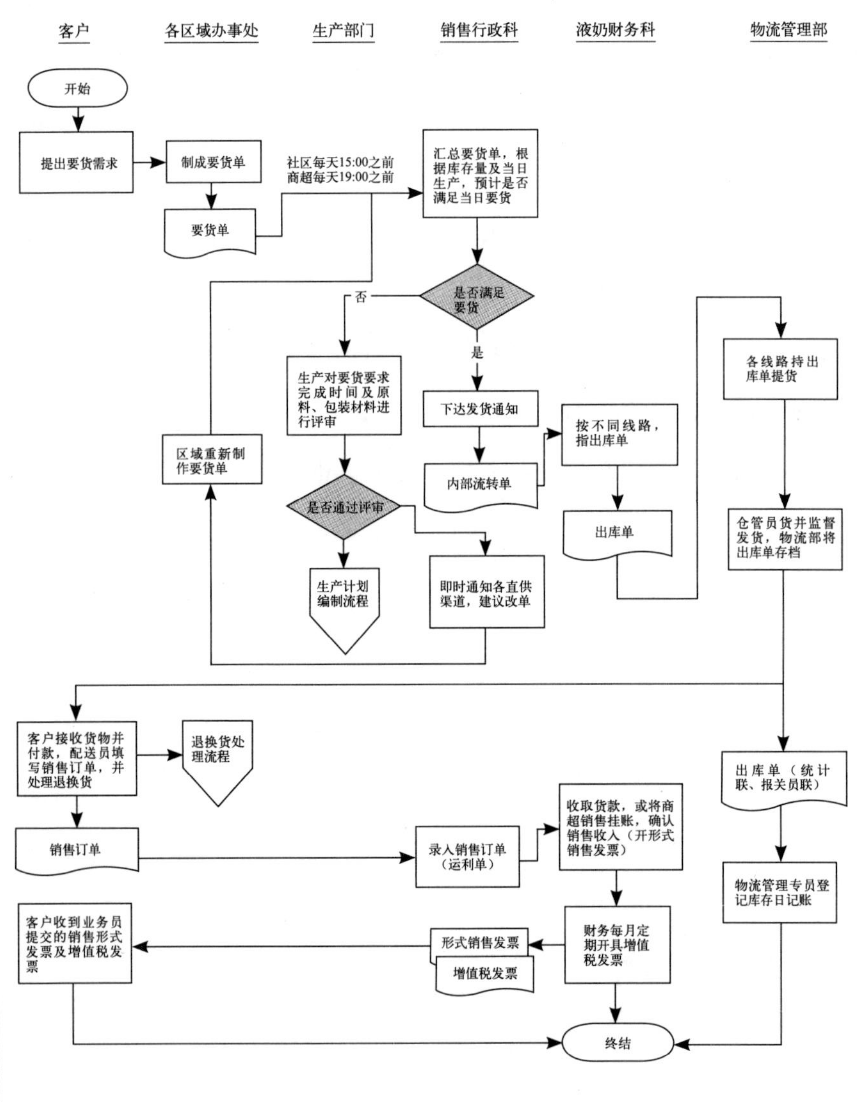

图2-5　订单管理流程示例图

二、投诉处理流程

流程负责人：售后服务专员/客户服务专员

目的

通过对消费者和经销商意见的公正及时的处理，及时发现问题和收集客户信息，提升客户和顾客满意度，在公司内部树立为客户服务的意识。

原则

- 明确对客户/顾客投诉的答复时间限制。
- 对确认的问题严肃处理，并及时反馈给客户/顾客。

主要涉及部门

- 销售管理部客户服务科
- 各地办事处
- 顾客服务部
- 投诉问题相关部门

特定政策

- 在与经销商签订的合作协议中，应注明客户服务科的投诉电话。
- 应建立投诉档案库，客户服务专员/售后服务人员定期（每月）向管理层提供投诉统计及处理情况。
- 通过经销商或办事处相关人员处理顾客投诉时，应针对不同级别设置相应的赔偿金额权限。
- 危机事件允许越级上报，由相关领导酌情处理。

流程所涉及主要表格

表2-7

文档名称	填制部门/人员	主要内容	提交时限
售后服务月报 客户服务月报	售后服务专员 客户服务专员	√投诉原因分析包括： 1、来电、来信量 2、一般投诉量 3、重大投诉量 4、曝光、表扬量、建议量 5、顾客新需求 6、主要投诉问题排列 7、产品质量问题统计 8、赔偿金额	月度

退换货处理流程

流程负责人：销售代表和配送员

目的

及时发现和处理整批有质量问题的产品；有效控制及减少不合理的退货，确保退货符合公司规定的退换条件，减少退货处理时间。

原则

- 明确对客户提出的退换货要求答复的时限。
- 财务部门准确记账。

主要涉及部门

- 销售管理部
- 各地区办事处
- 物流管理部
- 公司财务科

● 品控部门

特定政策

● 流程要求公司有明确的退换货政策。

● 加强办事处经理对退货合理性的审核。

● 超出销售总监审核范围的，交由营销本部总经理审核。

● 公司应设立独立于生产、销售部门之外的品控部门，负责对要求退换的产品的质量作出鉴定，并决定是否需要召回。

流程所涉及主要表格

表2-8

文档名称	填制部门/人员	主要内容	提交时限
月度退货汇总表	销售行政部	经销商、产品名称、数量、进货日期、进货价格、退货日期、退货价格	月度

财务与成本管理

营销预算监控与调整流程

流程负责人：市场总监

目的

通过对营销目标/预算执行情况的定期总结，了解经营/预算实际执行情况与计划的差距，发现问题及时做出调整，从而监控经营/预算的执行，以保证营销目标的实现，同时以此作为对营销部门的考核依据。

原则

● 由财务部发起，营销系统各部门反馈预算执行情况及差距原因，并做出调整申请。

● 预算执行情况纳入绩效考核体系。

主要涉及部门

● 董事长、营销总经理、公司营销总经理

● 财务科

● 公司营销系统各部门

● 各办事处

特定政策

● 预算需要调整项目是指由于市场出现预测之外的大幅波动，国家政策和行业规定的突然调整，市场冲击，公司内部调整及其它的因素造成预算与实际严重不符的。

● 预算的有关数据是业绩考核指标计算的数据来源，预算的执行情况应纳入绩效考核体系。

流程所涉及主要表格

表2-9

文档名称	填制部门/人员	主要内容	提交时限
实际销售量/额表	公司财务科	√包括按产品品种分地区（办事处）的上月实际销量及销售金额明细	每月一次
实际销售费用表	公司财务科	√包括总部和办事处上月实际发生的各项销售费用明细	每月一次

续表

文档名称	填制部门/人员	主要内容	提交时限
预算执行情况报告	市场部/销售部/办事处	√预算执行情况分析，包括实际业绩与预算的差异原因分析，资金使用情况与资金计划的差异原因析，以及相应的经营措施	每月一次
预算调整申请和方案	营销公司各部门/办事处	√包括预算执行情况概述，申请预算调整的原因（附重大影响分析），具体预算项目的调整方案	每季一次

区域（办事处）促销费用申请审批结算流程

流程负责人：各办事处经理

目标

- 确保公司促销费用使用合理，提高公司促销费效比。
- 确保公司阶段性传播、推广、促销计划能够贴近市场一线。
- 确保办事处终端费用申报及时，提高结算速度，使产品更加贴近市场要求。

涉及部门

- 集团总经理/营销总经理
- 营销本部总经理
- 市场部
- 销售部

●区域办事处

●公司财务科

主要控制点

●市场总监审核阶段性（季度）传播计划指引。

●公司财务科对办事处费用审批表进行单价审核。

●销售总监对办事处促销执行方案及费用审批表进行审批。

●市场总监协助营销本部总经理判断如果超出预算，是否需要追加预算。

●集团营销总经理和集团总经理综合判断是否需要追加预算。

特定政策

●市场营销部审批办事处传播指引以季度为单位，在已批复的季度计划内的分月计划由办事处经理和整合传播科科长确定执行。如在分月计划中对季度计划有大幅度的调整，但不涉及季度费用的总额，可以申报销售部经理批准执行。

●办事处费用审批以销售管理部和市场营销部对办事处的促销计划指引为依据，原则上不再对单独项目批复费用。

●销售行政科指派专人协助办事处经理在营销本部进行费用申报的审批工作，对市场营销部或公司财务科的任何异议，销售行政科指派的人员有居中协调的义务。

●对于未按照申报程序而擅自执行项目的行为和个人，视情节严重给予（ ）元罚款或扣除实施项目金额的（ ）%，同时追加行政处罚。

涉及主要表格

区域（办事处）促销费用申请审批结算流程

流程负责人：各办事处经理

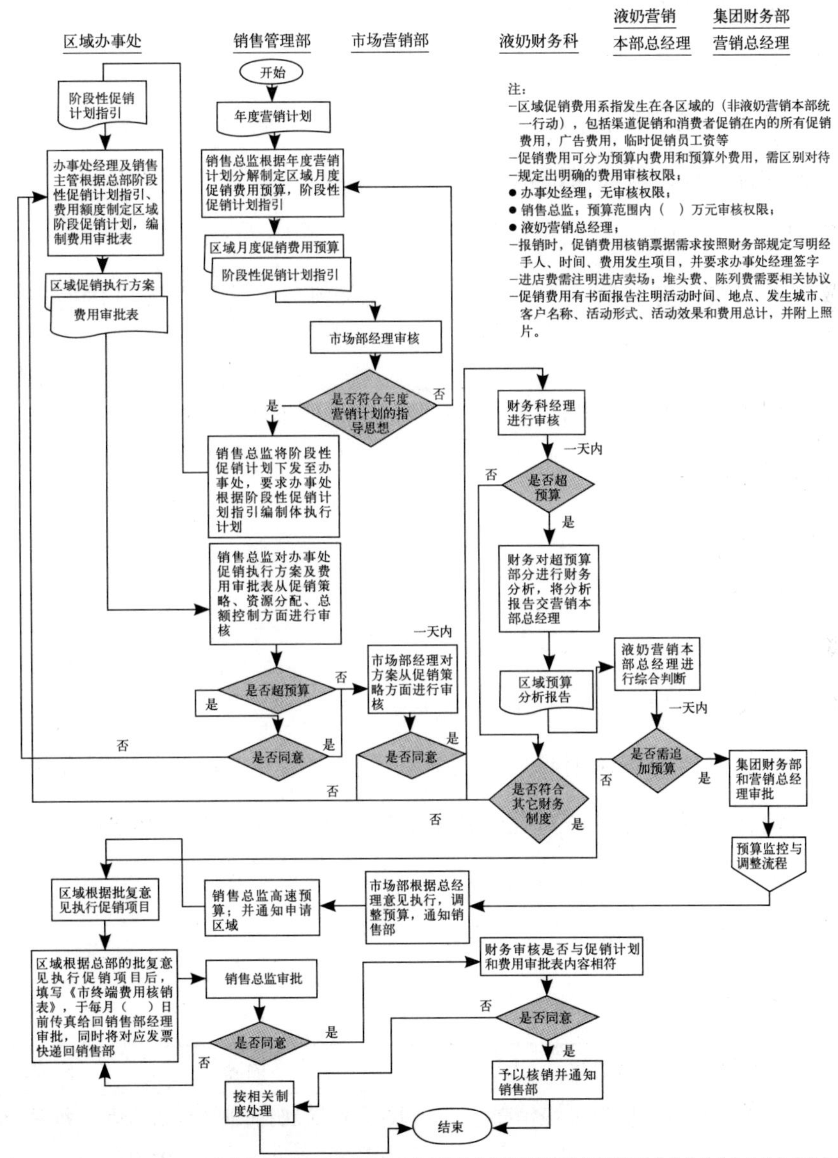

图2-6

对账流程

流程负责人：公司财务科会计

目的

确保公司与经销商往来账目保持一致，提高公司对经销商返利的准确性和及时性，从而保证销售政策的正确执行。

原则

● 严格区分应收、应付、预收、预付科目的使用，保证内容的准确性。

● 如发现账目差异，应立即采取措施查明原因。

主要涉及部门

● 财务部

● 办事处

● 经销商

特定政策

应加强公司与经销商之间的对账工作，每月由财务部定时发出对账单，销售主管与客户核对往来账目，对于账目不一致的情况应及早发现和处理。

流程所涉及主要表格

表2-10

文档名称	填制部门／人员	主要内容	提交时限
对账单	财务部/经销商	√应收账款三级明细账（包括销售产品品种、数量、单价、金额等）	每月一次

营销关键业务流程的实施

一、业务流程重组与优化的误区

流程的重要性在最近几年已经被越来越多的企业认识到，很多企业也都与第三方公司合作，或者通过自身的力量进行流程调整和优化，在企业内部掀起一场“业务流程重组”的运动。

由于业务流程的调整，尤其是营销的关键流程的调整对企业现有业务的运行模式影响很大，影响范围也较广，有可能在短时期内造成一定的混乱。如果处理不好，新的流程没建立起来，老的规则、模式又放弃了，企业的日常经营有可能会一蹶不振，或者是企业花了钱，请了人，但绕了一圈，又回到了原来的老路上，也相当于流程优化的失败。这样的例子不胜枚举。因此，企业在进行业务流程重组时，一定要非常谨慎。

当前很多企业的决策人对业务流程重组与优化存在许多认识误区。以往众多企业流程变革的失败，基本是走入了下面的一个或多个误区。

误区之一：忽略了人的因素。

没有认识到企业流程重组与优化需要员工的积极参与。流程重组提出的早期，没有把人的因素考虑在内，导致企业在实施中忽视员工的反应，在很多企业引发了上至中层管理人员，下到普通员工的强烈反感。1995年前后，在理论上最先提出“业务流程重组”这一概念的三位管理大师哈默、钱皮、达文波特都承认革命性变化过热，忘记了将“人”的因素考虑在内，并对此进行道歉。达文波特说：“我最没有想到的是，因为我的某个提法，人们开始丢掉饭碗。”即使是相对和风细雨的流程重组，员工的对抗、不解也是实施失败的重要因素。

误区之二：没有认识到流程变革是需要最高领导投入大量时间和精力的，必要时需直接领导推动的工作，导致业务流程优化和重组的实施组织、职能部门缺乏足够的推动力。

这可能是中国企业推行业务流程变革的最大问题。不少企业最高领导没有意识到它是对企业的深刻变革，习惯性顾名思义地认为它仅仅是改变一些基本的“操作层面”的业务流程，不需要他们这些战略的决策者投入多少精力和注意，发个号召，讲一次话，下发一份文件，顶多组建一支专门的队伍/机构，由他们配合咨询机构推行就可以了。没有从整个企业资源（领导的时间与关注、优秀人才、奖惩与考核、提职等方面）上向业务流程优化与重组倾斜。没有认识到业务流程重组与优化是为了提高企业的核心竞争力而对企业的资源、工作程序与流程进行的改变，没有认识到它改变了基本的业务流程，导致责、权、利的变化，是企业内一次新的利益再分配。其阻力大的超乎想象，决非职能部门或实施机构所能推动。

误区之三：流程变革的范围和深度失当。

没有认识到流程优化的关键是要将流程变革与企业业务运营之间保持一定的融合性和适度的平衡。流程优化是企业管理进步的一种方法，既不是唯一的方法，也不是所有企业必需的方法。对这种“凤凰涅磐”式的大变革，没有首先全面衡量企业抗冲击的能力和体系再造的条件是否成熟，轻率拍板，近于赌博。

误区之四：期望过高，以为业务流程优化与重组可以解决一切管理问题。

不了解业务流程重组与优化主要适用于解决操作层面的程序性问题，不切实际地期望它解决企业管理中广泛的规划层面与操作层面问题、技能性与程序性问题、软性与硬性问题等等。承认罗马不是一天建成的，却奢望流程变革在一夜之间实现，变革的效益立即实现。不愿意接受在长期效益到来之前可能会发生的一些短期损失。没有解决企业战略性、技能性等方面的问题和实现员工观念、企业文化等长期因素相应改变的情况下，要求业务流程的短期跃进。

误区之五：管理模式的变革滞后，或者没有变革，组织架构没有相应调整。

仍然停留在原有的职能管理模式，高度集权，部门分割。流程在各个职能部门的挤压下更趋破碎，或者流程本身基本维持原状，仅仅是把流程图画的更漂亮而已。或者低估转向流程导向模式的变革难度，仓促设计，匆匆放权，组织架构调整过大过激。相应的培训、考核、监控和企业文化的转型没有跟上，造成混乱。

误区之六：缺乏信息技术与业务流程优化与重组相互影响、相互制约关系的认识。

合理运用信息技术是业务流程优化与重组的难点和要点所在。不少企业的领导者和管理层缺乏对信息技术与业务流程相互关系的正确认识与把握。有的完全听信外部咨询公司的安排，从信息技术而不是从业务出发，完全依据信息系统的需要重组业务流程，将业务流程等同于IT。有的将IT独立于业务流程之外看待，造成信息系统与业务流程的脱离，削弱了IT系统在业务流程中的重要作用。不了解依托IT技术与脱离IT而进行的流程变革，其方法与效能均有很大差别。

误区之七：忽略有效经营愿景（vision）与正确目标的制定。

毫无疑问，制定企业目标和愿景是领导者责无旁贷的工作。它有利于企业明确方向，瞄准长远利益，确定明确的评价标准，有效地分配资金，推动各项工作顺利地向前发展。不少企业没有或者不知如何正确确定或者没有清晰地表述有效的经营愿景，导致了流程项目失败。例如，有的国内企业管理层已经确定公司由产品经营全面转向资本经营，然而，却启动了营销流程而不是财务与投资流程的改进。类似问题国外也有，美国联合包裹服务公司（United Parcel Service）通过对包件运送流程的重组，大大提高了运送速度。但失去了货运车在重要路线上所具有的广告效应，而且客户对加快速度根本就不感兴趣，一切流程变革变得毫无意义。

误区之八：将业务流程优化与重组理解为压缩组织规模、裁减员工。

纯粹地以资本替代劳动，以技术替代劳动，造成大量裁减员工，与业务流程优化与重组的思想内涵相违背。一些企业领导人的出发点有偏差，仅仅把流程优化当成压缩人员、压缩成本的手段，为了达成目的，前期设计神秘化，后期实施突袭化，导致人人自危。

误区之九：把业务流程重组看的过于简单。

将业务流程重组等同于拆装机器，可以一次计划好并完成，忽略了持续改进的过程。对企业流程的重组犹如拆装机器一般，这个比喻源自美国，这被原汁原味的传给企业管理层，促使企业管理层没有根据自身条件选择合适的流程变革方式。哈默后来认识到机器比喻的危险性，他认为：一家企业并不仅是一台普通机器，它更像一个复杂的计算机系统，一个再造计划（或流程）就是一个运算程序。任何搞编程的人都知道，做软件有一半工作是排除错误。哈默说过，实施业务流程优化的公司应该在实践中重新审视计划并排除掉问题。事实上，很多进行流程重组的公司面临企业内外部的巨大压力，不得不假装错误并不存在。这样的实施再造无异于掩耳盗铃。

误区之十：任命IT部门作为业务流程优化与重组的执行者。

虽然IT是业务流程重新设计的支撑力量，但是众多成功和失败的案例表明，成功的流程项目一定是由业务部门而不是IT部门推动的。由于业务流程变革经常与IT技术有关，业务领导对于IT普遍陌生。并且IT部门在绝大多数企业中是总部的综合管理部门，可以超然于业务部门之间的纷争。许多企业领导人自然而然的认为应该任命IT部门的负责人领导流程变革项目。殊不知他们对业务流程不负有责任，往往倾向于将精力投入到计算机系统的建设上，或者由于不懂业务，在与业务部门中不支持项目的管理人员交锋时，处于下风。

误区之十一：不合适的评价方法。

业务流程重组与优化的重要作用是对企业决策体系和执行体系的调整，是企业管理方面的变革，这些变革必然会为企业经营带来各种影响，但是企业经营结果并不仅仅取决于决策的提速和执行的效率，企业领导人如果简单地把业务流程重组与优化和企业经营效果挂钩，就不能正确分析业务流程重组与优化的作用，从而作出错误的决断。

误区之十二：过程过于拖沓，生米煮成了夹生饭。

许多企业在推行流程变革过程中遇到阻力，或受到业务工作的巨大压力后，放慢了实施的步伐。有的在某一环节多次反复，时间过长，使员工以为项目已经不了了之。项目队伍和管理人员怀疑企业的决心，随着时间的拖延，生米变成了夹生饭，继续推动或再次启动的难度不言而喻。哈默也指出，原则上整个再造的努力应在一年之内完成。因为未完成的流程重组基本没有收效，只有混乱，企业无法承受长期的混乱与痛苦。而流程优化应该在更短的时间内完成。

不变革的企业成功的概率会很小，但是错误变革的企业成功的概率会更加小。对业务流程优化与重组认识与实施中的谬误与陷阱还远不只这些，它就像红红的大樱桃，好吃难摘。

二、企业进行流程变革的时机

企业领导人需要经常关注业务流程的状况，把流程改进作为日常工作之一，督促相关部门不断改进。当业务流程明显落后于竞争对手或市场需要，成为影响公司竞争力的主要因素时，就应考虑启动较大规模的流程变革。在一些大型跨国公司里，甚至有一种比较极端的说法："企业的任何地方出了问题，一定是某个流程有问题"。由此可见，这些大公司的领导人对流程的重视。

流程虽然重要，但并不意味着对任何发现的问题都要进行一场革命性的变革。西方将企业对流程的调整和改进按变革程度和范围的不同，分为两种：业务流程优化（BPI）和业务流程重组（BPR）。下表列出了它们的一些不同：

作为同样是对流程的改进和调整，其相同点是：

- 强调客户满意和客户导向；
- 使用业绩改进的度量手段，强调与战略目标的吻合；
- 关注于业务流程的变革，并由此引发深刻的管理革命；
- 强调团队合作，打破层级壁垒和部门壁垒；
- 对企业的价值观进行改造；
- 在组织中降低决策的层级，赋予底层员工作出决策的权利；
- 高层管理人员的充分参与；
- 项目成功后给企业带来效益，带来观念上的改变等等。

因此，我们更愿意把BPR当作流程变革的一种极端手段，只有在其它流程改进手段不能达到目的时，才考虑使用。BPR作为突变性的流程革命方式，成功后的收益很大，但是失败的风险也很高，而且其实施的条件比较苛刻，一般需要有相关咨询公司的帮助。只有在下面的情况下才应该考虑实施：

第一种情况：企业进行管理信息系统的大规模升级改造或应用时。管理信息系统的投入很大，改造需要一定时间，一次投入一般要使用几年，而各种业务流程一经信息系统的固定，哪怕是微小的修改也会相当麻烦。一般企业应选择毕其功于一役，使业务流程有一个较大飞跃。事实上，ERP系统的实施经常要求附以BPR。

第二种情况：身陷困境，走投无路。造成困境的原因是成本高出竞争对手几成，产品次品率高出别人几倍，对市场反应迟钝，顾客怨声载道，大股东到了忍无可忍的地步。公司的财务状况在恶化，但是现金流在半年至一年以内尚不致枯竭。“重组”是企业唯一的出路，迫于形势，准备背水一战。

第三种情况：正处于巅峰时期，但是公司的领导人不安于现状，勇于进取，追求卓越。意欲把竞争对手甩得更远，把竞争障碍筑得更高，使自身被市场跟随者赶超的可能变得更小。正像一句颇费思量的妙语所说：真正卓有成效的公司，其标志是舍得丢弃长时间有成效的东西。

第四种情况：企业即将进入新市场或重新定位产品与服务，而原有的核心运营流程基于过时的商业环境或技术建立；市场发生改变，如新的竞争对手、新的竞争规则、产品生命周期缩短、新的技术得以应用等导致企业失去市场份额。

第五种情况：当前日子还过得去，然而公司领导人认识到竞争对手正在成本、速度、灵活性、质量或服务等方面形成优势，在不远的将来将威胁他们的基业。公司未雨绸缪，着手实施“重组”以避免走下坡路。

不论是哪种情况，企业都必须有备于BPR。实施业务流程重组之前，需要考察是否具备下列关键成功因素

- 核心管理层的优先关注（Top Priority for Top Management）；
- 企业的战略引导（Company Strategic Direction）；
- 可以度量的重组目标（Measurable Objectives）；
- 可行的实施方法（Proven Methodology）；

● 提升业务流程的过程应得到持续的资金支持（The Process Improvement Processes Continually Funded）；

● 组织为流程而定，而不是流程为组织而定，企业能够承受组织架构的较大改变（Organizations Work for Processes，Processes Don't Work for Organizations）；

● 将客户与供应商纳入业务流程的重组范围（BPR Must Include Customers and Supplies）；

● 重组的一致性优先于完善性（Consistency is More Important Than Perfection in Approach）。

这中间最大的三个障碍是：（1）缺乏高层管理人员的支持和参与；（2）不切实际的实施范围与期望；（3）组织对变革的抗拒。

如果不具备上述关键成功因素，则进行业务流程重组的时机就是不成熟的。

二 业务流程重组与优化的实施要点

把业务流程优化与重组当作一次深刻的变革来推动。2000多年前中国的贤士对于队伍士气的演变就有著名论断：一鼓作气，再而衰，三而竭。并以此指导军队获得了关键战役的胜利。饱含真理的《国际歌》唱到“趁热打铁才能成功”。流程变革像一场拍岸的惊涛，需要一波接一波的推动，每一波都要节奏分明，厚实有力，前后连贯，一气呵成。

可以借鉴John.P.Kotter教授总结的变革的七个过程理论。

形成紧迫感

变革之初就应该在企业范围内形成变革的紧迫感。把竞争的压力、潜在威胁传递给每个员工，使大家认识到不变革将危及生存，形成足够的紧迫感，使人们对以后变化有高度认同，积极地为变革提供帮助。

建立领导小组

为变革建立起一个强有力的领导小组是重要的。注意变革的发起者不是管理者，而是领导者。所以这个小组必须由企业的最高领导负责，只有这样才不会使“领导支持”成为一句空话。领导小组要有共同的目标，互补的能力结构，形成凝聚力。对项目实施的必要性有极大的认同，对项目经理给予高度信任与重任，亲自参加每一次的项目例会，并持续激励员工。

描绘愿景

在成功变革中，最高领导人都会为组织描绘未来的前景。这是领袖保持号召力，组织具有凝聚力的必不可少的手段。圣经《出埃及记》中记载：摩西带领饱受苦难的以色列人逃离埃及，在漫漫征途中不断指明远在红海那边的人间乐土西奈是上帝赐给以色列的家园。这便是愿景。要向参与企业变革的每一位员工描绘企业经过艰苦甚至痛苦的调整过程之后能够实现的美好蓝图。愿景规划明确了组织在未来的努力方向。计划、指令或方案并不完全和愿景等同，对于变革方法详细解释更不能替代愿景，因为愿景对变革将会把企业带向哪里的阐述会使变革的参与者感到振奋，使他们形成对变革很强的认同感，从而激发起他们的工作热情。美好愿景作为员工精神力量贯穿项目始终，支撑着他们跨越一道道障碍，最终达到心中所向往的乐土。

沟通愿景

有了明确的愿景规划后，如果不能有效地在企业范围内充分沟通愿景，使愿景描述深入人心，再好的愿景也只能明珠投暗。领导小组要将愿景通过各种沟通方式向企业人员宣传，并将宣传融入日常的运作中。此外，企业各级的管理者，特别是领导小组的成员必须身体力行，坚信不移，否则员工对领导的愿景宣传将失去起码的信任。同时，通过扎扎实实的工作使遥远而美好的愿景一步步具体化、清晰化，转化为每一步工作的内容和要求。

扫除障碍

有时阻力来自于个别担心变革会影响到其自身的既得利益者；有时来自于已经形成的做事习惯；有时来自于旧的薪酬体系；企业必须考虑到种种可能，阻力与变革的程度成正比。要排除一切障碍，当然尽量选择温和的排除方式。同时大力度地鼓励积极响应变革号召，按照变革方案实施的行为和个人。通用电器的CEO韦尔奇在推行六西格玛体系时，将诱人的股票期权全部奖给实施六西格玛的精英，而且在提职时唯六西格玛精英是举，对推动公司变革起到了关键作用。同时要注重培训老员工。

夺取短期胜利

企业的变革需要时间，但也不能使变革成为一种漫长的等待而看不到胜利的活动。信心需要胜利来鼓舞，从胜利走向胜利是美好的过程，犒赏三军也需要胜利。所以领导者必须有明确的计划并适时地宣布变革的成果并论功行赏。实施变革像爬峭壁悬崖，必须在最短时间内迅速登顶，决不能向后，后面等着你的是万丈深渊；也不能迟疑停留，因为即使在开始群情激昂，即使过程中严厉有加，但人们的信心与忍耐力都有一定限度。要在员工还能够坚持得住的时候尽一切可能使项目实施取得一定的阶段性成果。先完成，然后再做后续的改善和求精工作。在变革过程中“小步快走”，一步一个脚印。

巩固已有成果

在取得成果后，要将短期成果具体固化到员工工作流程中，保证每一阶段所取得的成果迅速成为员工们的工作习惯，自然的像吃饭和呼吸一样。因为人们是按照习惯行动的，旧的习惯被打破后，存在极大的回归原状的弹性。如果不以强力维持新的行为方式，使旧习惯复辟，就将陷入长期的新旧行为拉锯，这是管理的灾难。

大量经验与教训告诉我们，要想获得业务流程优化与重组的成功，下列因素是必不可少的：

公司高层领导的充分参与和支持。流程改变常常伴随着权力和利益的转移，高层管理者如果没有充分参与，则很难推行。支持必须体现在行动上，而不能仅仅靠口头支持。企业领导人的时间是重要资源，可能需要企业最高首脑50%的时间花在流程变革项目上。

沟通、沟通、再沟通。一位项目经理，他曾亲眼看着自己负责的业务流程重组项目的建议方案化为乌有。项目组曾通过九个月左右的不懈努力，重新设计了几个核心业务流程。他们提出了许多有建设性的想法，用来解决当前环境中已知的问题和障碍。有一些想法已经在一、二个业务领域中进行试验，并且有一些已在其他业务中被成功的应用。

该项目组成员也强烈的感觉到，他们将通过自己的努力，为公司下一轮的高速增长打下基础。但是，当他们提交方案时，却遭到了来自管理层的强烈反对。因为，管理人员不相信，这些变化会取得很好的效果。许多管理人员反对这个方案，并不完全是为公司着想，而是为了他们在公司里“独一无二”的地位。最后，没有一个方案被采用。

是哪里出了问题？项目经理说：“我想不是我们的方案做的不好，而是在这个过程中，我们犯了一个很大的错误，就是我们忽视了与组织内的其他人员取得沟通。当我们提交方案时，没有人了解我们提出的是什么样的建议。当我们提出他们的运作要进行根本性的改变时，许多人感到脸上被掴了巴掌。”

沟通，对于业务流程重组与优化的成功与否，起着决定性的作用。沟通贯穿于从项目启动到项目实施完成的全过程。通过许多项目的经历，我们已经明白一点，当沟通来自于组织中有威信的人员时，当沟通能关注人们的内在需要时，当沟通能创造解答人们疑问的对话氛围时，沟通无疑是最有效的方法。您需要的不是费用昂贵的录像带，也不是装订精美的介绍手册，您需要的是最基本的人与人之间的策略，它要由项目组成员与管理人员共同来执行。

具体来讲，这种企业内部的沟通包括：

项目期间，项目发起者必须在管理层团队提升对变革的认识。注意，这里的项目发起者应是企业内部的高层领导。他们直接与团队中的人说明和讨论，当前的处境和遇到的问题是引起变革的主要因素，以及如果不这样做的话，将会对组织及个人造成什么样的后果。同时，他们也必须强调，目前努力的结果是不足以给组织的未来定位的。

经理们必须在他们所管辖的团体内，传递和沟通关于变革的信息。目的是为了使员工不满意现状。领导们不可以直接说出解决方案。因为基于方案的信息只会让员工吞下肚去，消化不良。换句话说，管理人员应该提升员工对变革需要的认识，以及不变革会带来的后果。

项目组的工作是，在他们设计出BPR变革蓝图的同时，建立一个与组织机构之间的对话模式。项目组成员中应该包括来自直接受到变革影响的组织机构中的人员。并且，他们应该是在组织机构中有威信的人员。

从企业决定实施流程变革开始，企业管理层与员工之间就要不断进行交流。要向员工宣传要实施的是什么，它的必要性、意义和带来的机会与变化，每个人在其中的地位与作用，如实说明其对组织机构和工作方式的影响，特别是对员工技能、素质和岗位的影响及企业所采取的相应解决措施，引导员工主动适应变化。员工并不傻，不论如何掩饰，他们对于即将来临的利益格局的调整和裁员都能看得出来，欲盖弥彰。使得员工对流程变革有全面和正确的认识，可以有效阻滞小道消息的流传和破坏作用。流程变革尤其BPR实质是一场管理运动，而中国的企业在进行运动方面应该是久经沙场，经验丰富的，这一步就是在进行“思想动员”。大会发动，小组讨论，板报宣传，人人表决心，谈态度，领导给承诺等方式，虽然是老一套，操作到位仍然是十分有效的。

善待人，尊重人。善待每一个认真工作的员工。不仅对于流程优化和重组的成功是关键的，对于企业的长远成功也是至关重要的，必须在企业树立这样的原则，并使全体员工相信：努力工作的员工，任何时候企业都会有他们的岗位。企业不会因为利益而裁人，只会因为每个人的表现而裁人。这是对员工最大的承诺。这样，企业付出的仅仅是有限的工资成本，而带来的是人心的稳定和对变革的支持。管理部门必须树立明确的待人典范，行为举止、基本礼貌。对人的尊重不仅仅表现在对外部和对上级，更要表现在对员工。有一个企业在实施BPR的过程中，没有裁一个人，有效避免了来自员工的抵触，取得了实施成功。

选对项目负责人，组建高素质的项目团队。项目负责人是项目团队的领导者，公司上下内外力量的折中协调者，许多流程优化和重组项目的负责人或者在组织内的身份级别太低，或者视野局限在某个专业领域，或者过分注重IT技术，或者威信和领导能力不足。一位优秀的负责人或者领导团队虽然并不能保证项目的成功，但是一个不称职的负责人或领导团队肯定很快就能把项目引入歧途。

明确企业的愿景和目标。企业的愿景一经明确，就要在流程优化和重组项目中，从目标设定、范围选择到变革深度方面始终和企业愿景保持一致。

短线出击，初战必胜。毛泽东提出的十大军事原则之一就是——初战必胜。初战对于队伍的士气影响极大，很大程度上决定着整个战役的胜败。实施流程变革应该选择那些容易获得阶段性收益的部分关键流程作为优化或重组对象，使企业尽早地看到成果。

保证流程与顾客的需求相“匹配”。只有顾客认可并重视的特性才会得到回报。必须确认顾客的需求核心，如果顾客的第一需求是反应速度，为此愿意付出金钱，那么与顾客接触的所有流程都要提速。

投入资源。企业的资源是有限的，比如领导人的时间、人才的精力、资金、奖励、办公设备等等。如果认定流程变革对组织是最重要的，就要舍得投入最好的人才，进行奖励倾斜，投入足够的资金和设备。承担业务因此而受到的影响，全力以赴。

正确处理IT技术与流程变革的关系。这是一个关键问题，也是积累了太多经验教训的问题，注定还要继续有许多企业在这块石头上绊倒。鉴于这个问题的重要性和复杂性，本书下一节专门进行详细探讨。

认清流程变革是连续的管理革新。理解流程变革是连续的管理革新。随着时间发展，现有流程将呈现收效递减的特点，一段时间后需要对流程进行进一步的改进。企业必须不断地自己否定自己，及时改变曾经成功的而后又渐渐失效的做法，不断创新，从而避免其他更为年轻更加饥渴的竞争对手夺走自己的市场。

设定进取的优化和重组目标，进行一致的考评。优化和重组的目标要振奋人心，同时有较大可能达成。设定目标和度量绩效是理解、管理和改进流程的关键，也是鼓舞士气的手段。尤其应该注意的是构建绩效考评体系。俗话说“考评什么干什么”。错误的考核会引导“错误”的行为。

理解流程的环境和条件，选取正确的方法、合适的时机、适当的范围、正确的顺序。一家公司的有效方法在另一家公司不一定同等有效。企业之间千差万别，不能照搬照抄，要创造性地安排自己的业务流程优化与重组之路。

管理模式、组织结构要与优化和重组后的流程匹配。组织机构是流程的实施载体，断裂、缓慢的流程可以适合职能制管理模式，连续的流程要求流程型管理机制。关于组织机构、管理模式与流程变革的关系，本书已有详细研讨。

引入顾客和供应商参与。顾客以及供应商往往能够对流程提出非常有价值的看法和建议。这种做法避免了闭门造车，还有助于培育密切的客户关系，并且对顾客的业务量有正面的影响。

二 业务流程与组织和IT系统的关系

业务流程与组织结构

组织机构是流程实施的载体和操作者，当流程改变时，组织架构需要做相应调整。如果实施BPI，要同步调整组织结构；如果实施BPR，要先完成从传统职能式管理向流程式管理的转变。当企业开始变革时，由于人们熟悉的沟通渠道与工作方式消失了，人们一时对应该做什么、该听谁的，感到无所适从，会伴随一定的混乱。面对难以避免的混乱，人们会向往从前。这时，如果组织架构有相应的变革，新流程开始执行，让大家看到走回头路的可能微乎其微，会坚定支持者的信心，打消摇摆者的懈怠，缩短混乱的时间。否则，怀疑和观望情绪将变成组织内要求废除变革的主要压力，使人们对变革的支持削弱。变革的努力在潜移默化中遭到削弱，士气也随之低落下来。变革的努力将面临失败。

1. 流程化管理模式对应的是扁平化的横向型组织。

流程化管理模式是一种基于业务流程进行管理、控制的管理模式。对应的是扁平化的横向型组织。它的特点是：（1）最重要的特点是突出流程，围绕工作流程而不是部门职能来建立机构，以追求企业组织的简单化和高效化；（2）改变金字塔形的等级机构，取消中间层级，实现纵向层级扁平化；（3）流程管理模式的控制是让顾客和企业外部市场来控制员工的行为，使员工可以从顾客口中了解到顾客对他们的表现和他们回应顾客需求情况的反馈；（4）所有的部门或岗位都是流程的一部分，他需要完成的工作是流程中的一个阶段，他是流程中上一环节的顾客和裁判者，同时又是下一个阶段的供应商。部门之间的绝大多数工作衔接将按照确定的流程及标准进行，不需要一个专门的控制、协调的上一层级；（5）注重过程效率，在对每一个事件、过程的分解过程，时间是其关注的重要对象；（6）管理的任务委托到更低的层次；（7）强调重新思考流程的目的，使各流程的方向和经营策略方向更密切配合；（8）强调运用信息工具的重要性，以自动化、电子化来体现信息流增加效率。

2. 职能管理模式对应的是金字塔式的垂直型组织。

它的主要特点是：（1）根据垂直职能的不同划分部门；（2）建立层层的行政管理控制体系，企业管理体系就是一个分层级的控制命令体系；（3）控制是靠一套等级制度、程序或监督人员来执行；（4）职能部门之间经常出现职能重叠与职能空缺的现象；（5）各不同的职能部门之间经常会出现目标不一致的现象；（6）部门之间的工作衔接与协调一般要通过上一层级来安排，管理层面以控制（扼杀创造力）、协调（效率低下）工作为主；（7）依规章行事是其主要的行为准则；（8）一般缺少时间标准这一最重要的工作标准。职能管理模式的特点注定了所建立的企业管理体系最终是一套层层的命令控制系统，核心是控制，众多的经理们花费太多的时间在例行报告上。组织对外界环境变化反应太慢，行动无法迅速，使大公司失去了小公司的灵活性，不能适应日益激烈的市场竞争。

案例分享

美国通用电器自20世纪80年代发起了一场组织扁平化的管理革命，韦尔奇表述为：去除藩篱，管理越少越好。具体做法是：去除水平的壁垒（内部部门之间、和顾客之间、和供应商之间）和垂直的壁垒（大公司衍生出来的阶层组织）。经过扁平化，通用电气公司的管理层级大大减少，从生产车间到CEO仅有6个层级。依照韦尔奇的说法，组织扁平化不只是要节省开支，更重要的是改善了管理的功能。扁平化不仅为通用节省了费用，更加速了沟通，将原本就属于企业的“控制”与“责任”还给了企业。1993年，通用公司基本完成了企业的管理革命，建立了一套新的高效率的管理体制。在此基础上，1999年又借助IT技术和互联网将通用的所有业务流程进行了e化，用韦尔奇自己的话说：电子商务给GE内部官僚主义的棺材钉上了最后一颗钉子。当时没有人知道该如何称呼通用电器的这场历时多年，任何一家美国大企业都不曾实施过的巨大变革，但时至今日我们很清楚，这就是组织再造，就是以流程化的扁平式管理组织取代职能化的层级管理组织。通用由此取得的巨大成功和经济利益则是尽人皆知的了。

扁平化组织结构是企业组织变革的方向，但它要与企业目标和条件相一致。国际上纯粹扁平化的企业也仅占企业总数的10%，中国企业的文化及管理存在许多与扁平化不相适应的问题，大多数企业尚不具备扁平化的条件。企业需要结合自身的条件与需要确定是保持垂直型，还是扁平化，或者探索采用混合结构。摒弃传统的企业组织方式，转向新的企业组织结构，现在不会、将来也永远不会是一个简单的、无关痛痒的变革过程。如果决定扁平化，就要解决下列问题，进行规范性操作，防止搞成四不象。

首先，扁平化的组织机构要求围绕流程而不是部门职能建立，不能仅仅是理解为机构和人员的精减。只是进行数量的减少仍沿袭传统的职能式组织机构，部门间的障碍依然存在，不仅不可能达到扁平化的效果，反而使组织机构更加混乱。

第二，扁平化组织的一个显著特征是决策权的下放，按流程组织自我管理团队，生产整个产品或提供服务。使决策点位于工作执行的地方，让执行工作者有决策的权利，在业务流程中建立控制点。因此，企业扁平化以后必须放弃集权式管理方式，不能收回基层单位原有的财务权及其它管理权限等。

第三，组建真正的自我管理团队。使之具备以下三个要素：1、团队被授权可以获得完成整个任务所需的资源。2、组成团队的员工拥有不同的技能，轮换工作，消除了部门之间、专业之间的障碍。3、团队被赋予决策权以处理完成任务所必须的活动。宝洁公司多年来一直宣称，其工厂内采用自我管理团队使其生产成本削减30%以上。

第四，扁平化组织机构要求有参与式管理的领导者成为教练，而不是“监工”。因此，管理者必须改变在长期职能式管理模式中习惯的发号施令的作风，培训自己懂得参与式管理的概念，提高技能，为员工的成功提供便利条件。

第五，扁平化组织机构要求企业要有科学的管理基础，常规事务按规章制度执行，以使管理人员有更多的时间从事突发性事务的决策。扁平化之前要解决规章制度不健全或虽有完善的规章制度但执行不好的问题。以免扁平化增加管理幅度后造成顾此失彼的局面。

第六，扁平化组织机构鼓励团队绩效和承诺。因此必须重新调整和平衡对团队行为和个人成绩的承认和奖励制度；对奖励机制进行重大调整，由鼓励竞争转向促进合作。根据流程制定KPI考核体系，按照责、权、利制定绩效考核指标。让每个员工都看到自己的行为如何影响企业的业绩，感受到是市场在引导他们的行为，他们是在服务某一位顾客或经营某一种产品。让员工深切感受到业务参与感。

第七，扁平化要求有高素质、高能力的员工在团队环境中高效工作，员工要改变按上级指令行事的习惯。因此，企业必须强化教育培训。

最后，扁平化要求实现深刻的企业文化变革，企业文化应从传统的等级文化向新的团队文化转变。即从等级森严转向平等尊重；由封闭服从转向开放创造；由分散独立转向互相依靠；由信息独占转向分享；由自我中心转向用户为中心；由怀疑苛刻转向信任和对过失宽容；由经验型处事方式转变为探索开拓型处事方式；鼓励学习、善于学习，终身学习。否则必然造成扁平化改造的挫折。

过去大西洋贝尔公司是垄断经营，公司里流行的是一种“按部就班”式的文化，公司强调的是员工行为的可靠性与可预见性。对员工该做什么，不该做什么，每一项业务的流程都在《经营手册》中予以详尽的规定。因此，对于用户的需求，从来都是按自己的时间表做出反应，而不考虑服务质量和流程花费的时间多少。在这种文化的影响下，公司从接到订单到最后交货，需要转手13次之多，共有27种不同的信息系统，公司规定这一服务需要15天，而实际工作时间仅为10小时。服务速度慢，由此带来的高成本自不待言。后来，面对大量竞争对手，贝尔公司首先把按部就班的文化转变为“以用户为尊”的文化，使员工拥有一定的自主权，公司的流程也进行了重组。仅几个月后，对用户提供服务时间就降低至几天甚至几小时。

业务流程与信息系统

哈默曾经说过：“进入90年代，有两个新的工具可用来改变企业，一个是信息技术——由电脑、应用软件与通讯技术所提供的能力，另一个是企业流程重组——对组织的工作流程与程序进行分析和设计。”1993年哈默和钱皮合写的《再造企业》一书中，用了整整一个章节加上其他一些章节的段落来讨论了信息技术同BPR的关系。在以实达和麦肯锡为嘉宾的那一期《对话》节目中，实达的一位老总谈到：实达重组没有成功时，认为信息技术没有跟上是重要的原因之一。

作为企业领导人，一定已经遇到或者必将遇到这个困难的决定：是否投资IT技术？何时投入？投入多大？投入哪一种？怎样投入？在几乎所有大企业中，如果把全部信息技术成本累加起来，每年大约有三分之二的信息技术成本是固定成本，比如网络以及所有必要的配套设施，而这类设备在以光速升级，以音速贬值。只有约三分之一的信息技术开支能用于增强企业实力，建立新的市场控制能力。事实上，真正投入开发能力的资金往往远低于信息技术总开支的四分之一，因为这些资金通常既要用于新的开发项目，又要用于日常维护、升级。但是当企业所在的环境获得竞争优势的基础是快捷的补货、低廉的运作成本和卓越的客户服务时，信息技术对企业正日益变得生死攸关。

信息技术与业务流程优化及重组的关系是企业在实施过程中不能回避的关键问题。在这一问题上的失误轻则伤筋动骨，重则万劫不复。因为二者都是企业的重大投资，同时对业务运转产生深远影响。

业务流程优化及重组与信息技术（IT）的关系可以归纳如下：

● 业务流程优化及重组是一种管理思想和方法，而IT是一种技术，一种强有力的手段，他们对企业各有各的作用。

● 业务流程优化及重组可以独立于IT而存在，但是，依托IT技术的业务流程优化及重组与没有IT技术的业务流程优化及重组有天壤之别（建议读者对比本书信息收集流程中有与没有信息系统两种情况下流程的差别），差别在于方法、风险、复杂程度和效果等许多方面。

● IT技术可以独立于业务流程优化及重组，但是正如哈默一再强调，企业在引入信息技术之前或实施之中，首先应保证流程正确无误，这是发挥信息技术效用的有效途径。如果不能保证，那么就必须引入业务流程优化及重组。即“先合理化，再自动化”，否则只有加重不合理。

● 业务流程优化及重组与IT的相互独立是相对的，在BPR与BPI由思想到现实的转变中，IT起了一种良好的催化剂的作用。

● IT是业务流程和企业其它管理方法的载体之一和功能强大的固化器及放大器。在引入信息系统之前，流程可以方便的修修改改，一旦植入信息系统，修改就变成牵一发而动全身的大事。而且，如果存在错误，错误将被放大。当然，随着IT的进步，修改的方便性在提高。

● 信息系统规划阶段是BPR的最佳时机，此时有利于将BPR放到信息系统规划过程中来整体考虑，有利于在BPR过程中更好地将信息技术与业务流程优化、集成、规划和设计，有利于二者更好地结合。

信息技术（Information Technology）的采用是业务流程获得根本改善的一个关键手段。大多数传统方法在提高速度和增加准确性的过程中无法同时降低成本，然而IT却可以兼顾。若把BPR比作一种化学反应，那么IT就是催化剂，离开了它，反应虽可进行，但却难以达到理想的结果。凭借信息技术的巨大潜力，可以为企业流程优化与重组提供全新的手段，创作出与企业竞争对手迥然不同的业务流程。因此，合理运用信息技术成为BPR的难点和要点所在。

以往企业信息化未能达到预期效果的主要原因是未能触及传统管理模式，即未能对各种业务流程加以分析和改造，导致了信息系统的各种功能得不到充分利用。这一发现使得业务流程重组与优化成为主导企业信息化的关键理论和技术。在我国企业信息化建设的过程中，这类错误屡见不鲜，就是将信息技术应用在企业陈旧的、现有的管理流程上，没有改变原有的落后工作方式，而只是在原来的基础上用计算机代替已有的手工操作。这种“穿新鞋走老路”的做法等于举着导弹当刀使，只能导致巨额信息技术投入的浪费。由于绝大多数企业的业务流程不够完善，信息技术应用的真正力量不仅仅是使以往的活动做得更好，更要突破原有的一些默认和规定，应用先进的工作方法，而非简单地把旧的流程自动化和计算机化。这就是在信息技术实施之前或之中一般要先进行业务流程优化与重组的真正原因。

信息系统对于企业执行力的影响非常大，将在第四章更详细的讨论。

第三章

营销组织

——设计与业务流程相配套的组织体系

组织结构是为战略实施服务的，必须与战略实施的业务运作相匹配。因此，业务模式与运作流程的不同需要不同的组织结构与之对应，组织结构必须与其相协调。如通用电气公司，在20世纪50年代末期，执行的是简单的事业部制，但那时企业已经开始从事大规模经营的战略。到了60年代，该公司的销售额大幅度提高，但由于行政管理跟不上而造成了多种经营失控，影响了利润的增长。20世纪70年代初，企业重新设计了组织结构，采用了战略经营单位结构，使行政管理滞后的问题得到了解决，妥善地控制了多种经营，利润也相应地得到了提高。由此可以看出，企业组织结构一定要适应实施企业业务运作的需要，它是企业战略贯彻实施的组织保证。

为什么营销组织设计会影响执行力

什么是有效的营销组织

营销部门的任务

市场营销在现代企业经营中的地位时至今日恐怕已经没有人否认：市场营销是现代企业经营中的核心职能和关键活动。但是真正理解这一点的却并不多，原因在于许多人对于企业中市场营销的作用和任务并不很清楚。

说到底，市场营销无非是了解、分析和启发消费者的需求，开发、制造出消费者需要的产品（品牌），并通过一系列的营销技术手段（4P’s）和部门协同工作，达成消费者与产品（品牌）有效沟通的系统工程。也就是说，市场营销是企业根据顾客需求分配其本身的人力、财力和实物资源的方法。

企业要达到营销目标，必须有正确的营销策略和完整的营销管理过程，而营销管理过程又必须有一个完善的营销组织系统。所以，有效地营销组织应该能够最终实现营销目标。

营销组织系统由企业全员参与的四大部分组成，即营销分析系统、营销计划系统、营销实施系统和营销控制系统。其中，企业的市场营销部门是企业营销组织中的龙头或称一线组织。

市场营销部门通常由营销总监领导下的市场部、销售部、广告部、仓储配送部等部门组成，他们各自承担着不同的任务，而其中尤以市场部与销售部最为重要。

同时，企业的市场营销管理工作是一项系统工程，不单是营销部门的事，也不仅是一两项职能活动，还涉及到企业内部其它各相关部门。

营销部门与其它部门的关系

虽然全员营销的概念提倡了很久，但职责分配自然会形成注意点的不同，营销部门与其它部门之间的矛盾就在所难免了。

企业内部各职能部门应密切配合以实现企业的整体目标，但实际上，各部门间的关系表现为强烈的竞争和不信任。其中有些冲突来源于对公司最佳利益的不同看法，有些是由不适当的部门之间的偏见造成的，而有些则由部门利益与公司利益相冲突所造成的。

在典型的组织结构中，所有的功能部门应该说都对顾客的满意程度有或多或少的影响。在营销观念下，所有的部门都应以“满足消费者”

这一原则为中心，致力于满足消费者需求，而营销部门则更应在日常活动中向其它职能部门灌输这一原则。

营销经理有两大任务：一是协调公司内部营销活动，二是在顾客利益的目标上协调营销与财务、业务以及公司其它功能部门的关系。

然而应给予营销部门多少权限与其他部门协调进行合作市场营销还有许多不同看法，但一般而言，营销经理应主要依靠说服而不是权利来进行工作。

那么他能控制什么？他只能控制市场研究、销售人员与广告促销，并只能通过与其它部门的协调，努力做好让顾客满意的营销行动。

有效的营销组织应该能够合理的协调各部门的利益，让各部门齐心协力为了共同的目标努力。

二 营销组织设计不当的三大表现

营销组织设计不当，主要表现在以下几个方面：

营销系统内部职能缺失

市场部亟待加强其市场营销规划和管理功能。很多中小企业，由于快速发展人才断层，称职的市场营销人员，尤其是称职的市场部经理不好找，使得公司企化部与事业部的市场部责任、权利不对等，有权无责和有责无权的现象屡见不鲜；公司营销部门内缺少具有市场功能的部门设置，导致一些重要的流程无法正常运作；市场服务中心具有少部分市场部的功能，但未得到重视，而且与同样具有部分市场部功能的企划部分属不同部门，沟通不畅，难以达成有效的协作。使得营销职能无法充分实现。

营销组织与其它部门之间的关系紧张

界定企业各部门的营销职能，试图理顺营销系统和企业其他系统的关系。“营销是龙头”这个鲜明的观点在中国企业市场化过程中曾经起到过十分积极的作用，但在现实中它却逐步演化为“营销部门比其他部门更重要、工资更高、待遇更好”（客观上造成部门间发展不均衡），这种客观现实也逐步造成营销部门承担着事实上承担不起的责任。

区域营销职能与营销总部之间的不协调

企业规模扩大后，销售本部和区域营销组织的地位和垂直关系设置不当，导致：

1. 企业总部组织职能缺乏（请参看第1章“执行不利，这是个系统问题”的相关内容）；

2. 区域组织职能缺乏；

3. 总部与区域组织之间缺乏对应和互动。

如何设计你的营销组织

调查显示，营销部门改组的次数是其他职能部门的两倍。对此最常见的解释是为了更好地树立市场营销观念。然而事实是否真正如此，或是否因改组而实现了这一目标就不得而知。我们经常看到的却是，企业经常放弃一个合理的方案，因为它太复杂而且费用太高。

营销队伍如何搭建，如何根据外部市场环境的变化设计、调整营销组织架构，以及相应的权利分配和流程问题，这是企业负责营销工作的中高层领导应该首先考虑的问题。如果这些问题考虑不好，重要的事情没有人做或是让不称职的人做，那势必会对企业的长期或短期的运营造成很大的麻烦，让管理者总是扮演救火队的角色，而没有时间去做该做的事。

另一方面，组织结构的调整、人员的调配是企业内部极为敏感的话题，稍有不慎给企业造成的负面影响不可估量。因此，领导在做组织设计的时候，一定要慎重，一旦定下来，就不要再轻易变更。频繁地调整组织结构，只有坏处，没有好处。

二 组织设计必须要回答的四个问题

专业细分

企业中相似的经营管理活动构成部门，由于有了专业分工，企业的运行效率得以大幅提高。并且，专业分工越细，工作的完成将越出色。

只是，这么简单的道理，但在企业实际运行中往往无法做到。究其原因，有以下几种：

1. 人才难得

从目前大多数企业的实际情况来看，产品经理和产品市场部门是国内很多企业比较薄弱的环节，一方面称职的产品经理少，很难有效的承担起为产品的长远发展做规划，协调和各个部门的关系等其应负的责任，天长日久老板认为这个职位可有可无，或者最终演变成上传下达、文件传递的工作了。而在跨国公司内，产品经理（有的被称作品牌经理）

承担着非常重要的角色，其在公司内部的地位不亚于销售经理。其管理分工之细由此可见一斑。

那么，在大部分中小企业里，该由产品经理承担的这部分工作被谁做了呢？产品比较单一的，可能市场规划、价格制定就由老板或者销售经理包办了；产品线多一些的，可能各事业部经理或者销售经理承担了部分工作。这么做的结果一方面，企业短期行为严重，价格战等恶性竞争的出现就在所难免了；另一方面，重要的营销职能缺失，有可能销量高但利润低，或者产品发展后继乏力，缺乏进一步发展的驱动力。

在人才短缺的情况下，哪些工作可以合并，由一个部门或一个人来负责，哪些工作一定要分开，由具有专业能力的人来承担，是个很重要的问题，领导一定要仔细考虑。必要的话，可以请专业的公司提供建议，甚至包括人才中介。

2. 领导者没能及时进行角色转变

企业在创业初期，有可能因为赌对了一个产品或者用了个好点子，取得了市场上的成功。但随着企业规模的扩大，领导者必须要强迫自己进行角色的转变，分工和专业化势在必行。

每个人、每个管理者都会有一种固有的思维模式，并已经形成了行为和习惯，就向蚕作茧自缚一样，这种思想是在创业初期既已形成的一种价值观，认识到这层茧并冲破它是非常困难和痛苦的，这就是为什么我们总是在抱怨。

在企业变革时期，每当企业推出一次重要改革举措的时候，创业之初的“主力军”却成为了改革的“阻力军”的根本原因是在这样组织变革或者说利益再分配的过程中，执行力与组织各层次管理人员的思想环境联系的最为密切，他们之间的矛盾也最为突出。事实上，人员素质与组织形状是相互塑造的，创业时的组织、制度一定要适应企业的发展。

对于领导者和公司创业的团队来讲，做成一件事并不等于事事都能做成。跨国公司、职业经理人的价值就在于教给我们如何正确的做事，可以给企业带来规范的管理方法，从而减少做错事的风险。

下面是市场营销系统的一些关键职能，各位企业领导不妨对照一下自己的企业，是否有些工作没人做，又或是在由不该做的人、或者负不起这个责任的人在做，以确保关键营销职能没有缺失。

本书将市场部的职能分消费品行业与工业品行业加以论述。但要指出的是市场部工作是在营销总监的统一指挥下，由各部门（如技术部门、开发部门、财务部门、服务部门等）协作完成。

一、市场部的职能（消费品）

1.营销研究。

组建和完善营销信息系统；

建立信息收集、交流及保密制度；

内部信息收集(如销售业绩的统计、分析)；

消费者购买心理和行为的调查；

竞争品牌广告策略的分析；

竞争品牌产品的性能、批发价、促销办法等收集分析；

渠道调研；

开发新产品的市场调查。

2.销售预测，提出未来市场的分析、方向及发展规划。

3.制定年度营销企划（包括策略企划、营销计划）。

4.制定产品策略。

5.制定产品价格策略。

6.制定销售渠道的配置计划。

7.研究制定提高本公司知名度的策略，包括运用广告、运用公共报道、规划CIS的应用。

8.规划促销策略。

针对经销店的促销办法；

针对本公司业务员的促销办法；

针对消费者的促销办法。

9.规划广告策略。

制定年度及各月和特定活动的广告计划；

广告代理商的甄选、联系及管理；

广告媒体的挑选、运用及管理；

经销店的装璜和招牌的制作；

印刷每月（季）广告计划表寄给经销商。

10.制定业务员招聘、教育训练计划。

11.制定营销会议、产销会议的议题,并通知参加人员。

二、市场部的职能(工业品)

1.划分销售区域。

2.营销业绩目标的制定与分配。

3.研究制订提高产品价值的有效策略。

4.制定新产品试销计划。

5.制定新产品上市计划。

6.评估短期和中长期市场需求，掌握最适量库存。

7.制定产品的价格。

8.制定非价格竞争策略。

9.客户ABC分析与分类管理。

目前的趋势是高端组织按专业细分，追求深度的知识与市场经验的积累。中低端组织部分则实行一岗多能，避免分工过细，从而减少不同职位间的“协调”工作，降低运作成本，提高效率。如接听电话、打字、派送内部文件、预定出差的机票和住宿、采购办公用具等行政工作往往由一个职位完成。这种趋势的形成主要迫于企业提高运作效率的压力，同时也得益于个人电脑的普及和企业运作流程自动化的提高，使一岗多能成为可能。

组织形状

组织形状是由每个主管的直接汇报下属人数所决定的。目前在很多跨国公司内，为防止所谓“大企业病”，提高组织反应速度，向扁平化过渡，每个主管的下属人数增加，导致整个组织的层数降低。其中被奉为经典的就是GE的“扁平化管理”。

杰克·韦尔奇从担任总裁开始，就着手大刀阔斧地改造通用电气的组织结构，迅速地砍掉大量的中间管理层次，并裁减管理层职位，甚至连副总也难以在这场“扁平化的风暴”里幸免于难。最终通用电气从原来的9个管理层次变成了今天4到3个管理层次……通用电气的确就是一个扁平化改造的典范。

而通用电气的成功更使这个典范成为新一代组织管理的圣经。讲组织管理，必讲组织扁平化，这已经成为了一种潮流。而经典组织管理中的有效管理幅度、适当的管理层次似乎已经成明日黄花，“扁平”已经成为新一代管理的时尚。

但是，扁平化却不是任何企业都可以照搬照用的灵丹妙药。不妨先来看下面的例子。

案例分享

张总是读工科出身的，毕业后第二年创业从事IT产品贸易。由于赶上IT经济的热潮，加上经营有道，张总三十刚过半，就坐拥一个年销售额达3000多万的企业。

IT人对时尚和潮流有着难解的情结，而IBM在郭士纳的“扁平化”手术后的生机勃勃也的确让人心动。在这两者的推动下，信奉“凡事先人一步”的张总决定防患于未然——在他的企业出现官僚化之前，先吃个“扁平化”的“药丸”。花了两个月的时间，张总把原来四层的企业管理结构简化成了三层（如下图）。

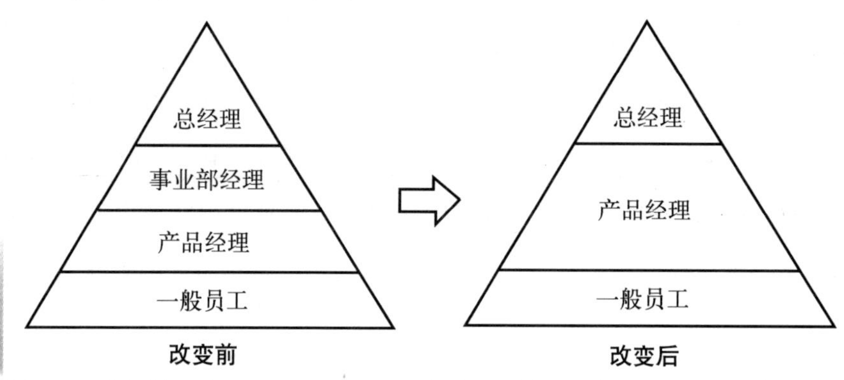

图3-1

由于组织变革的时点选在销售的淡季，所以一切都进行得非常顺利。看着大量的一线信息不断地传递到自己的面前，张总悠然生出一种掌控大局的快感。虽然工作比以前更繁忙了，但心底也有种说不出的快乐。他相信，自己这一步是走对了。

然而很快，他的这份快乐就让迎面而来的焦虑与压力冲得无影无踪。淡季过后，公司的业务量急升，他桌面的待办公文也越堆越厚，他的工作时间也越来越长。但天道却没有酬勤，反而出现了好几次因为合同迟迟不能敲定而造成客户流失的情况。张总及时反省了一下，发现这几次都是因为流程在自己这里“卡壳”了——由于工作太多，没有能及时审阅经理们拟好的合同。于是他开始大幅向下授权，从而企业具备更快的应变能力。一切都有了好转，张总终于能从无穷无尽的工作里抽身出来了，而由于公司反应不及时而出现的客户流失也再没有出现。然而当年报统计数据出来的时候，张总傻眼了：销售额与同期相比下降16.4%，而销售成本与同期上比则大幅上升了22.7%。张总无奈之下向派力求援，而分析的结果则让张总大出意料之外：

1、销售额下降的主要原因是：产品缺乏年度的营销策略规划，营销策略之间没有足够的组合，每年能带来高业绩的旺季促销活动在该年度是完全“销声匿迹”了；

2、销售成本上升的主要原因是：销售成本缺乏控制，销售经理为了打单经常给出过度的优惠条件。

最后我们给出的建议是，重新设立事业部和事业部经理，分管下面的产品经理，负责事业部年度甚至更长期的策略制定，对事业部进行有效的控制。简单的说，就是恢复该企业扁平化之前的企业结构。

张总对此哭笑不得，起初甚至对我们的建议有质疑。但最后面对详实的数据分析，他无可奈何地按我们的建议行事了。

……

半年后，张总来电，电话中的他又恢复了当初的意气风发。他告诉我们，销售额上来了，销售成本也下去了，他的高尔夫球技也提升了。

点评：不少人有这样的误解，感觉扁平化与传统的组织管理跨度理论是相矛盾的，更有人提出“管理阶层越少越好”。但事实却并非如此！现代化的通讯技术，使企业组织阶层间的信息传递扁平化成为可能，但它所能提升的仅仅只是信息的传递能力，并不能带来信息处理和决策能力的提升。从整个信息决策过程来看，效率并没有多少提高。所以，即使有现代化的通讯手段相助，扁平化所能做到的，也只是适当地拉大组织的管理跨度，而并非完全置管理跨度于不顾。如果忽视这一点，就只能遭遇张总在扁平化后遇到的困境——工作怎么做也做不完，组织效率在扁平化之后变得更低下。组织的设置模式没有“万能钥匙”，只有适合本企业的一把“金钥匙”，所以设置一个能够实现本企业战略的合适的组织才是最正确的。

每一个管理阶层，除了决策功能之外，还担负着其它的功能，比如规划功能、控制功能。在扁平化之后，被砍的管理阶层的原有功能由谁来实现？能否像原来一样实现？这两个问题都是所有企业在实行扁平化之前都必须考虑清楚的。在张总的案例里，他完全忽视了“事业部经理”这一管理层的策略规划功能和成本控制功能，从而造成了企业的功能缺失，最终导致了企业销售额下降和销售成本上升。扁平化的意义在于给企业减肥，去掉多余的赘肉，而不是说要把企业有现实功能和意义的部门不问情由地砍掉。减肥要适可而止，扁平化亦然。

事实上，组织的扁平化程度将会受到下列因素影响：

主管和下属的专业知识和经验。他们对各自的领域越熟悉则用于沟通和指导的时间就越少；如果管理者还处于边学边干的阶段，扁平化只会使管理越来越乱。

主管授权和目标制定的技能。扁平结构需要主管更多的以“领导者”的面貌指出方向、制定目标、促成绩效。而不仅仅是传统的“控制者”。一只猫能同时抓几只老鼠？

直接下属的工作性质的区别。区别越大，主管的领导人数就越少。如销售经理可以直接管理17甚至更多个销售员，而总经理的直接汇报者常常为7～10个事业部或职能部的负责人。

下属工作的关联性和易衡量程度。

信息化应用的水平。众所周知，信息系统可以大幅提高个人和企业的工作效率。企业利用计算机进行管理的水平越高，就越会为组织的扁平化提供管理工具和平台。GE管理模式的成功离不开内部多个信息系统的支持。

权利分配

组织中的权利分配分纵向和横向两方面：

纵向的权利分配指自上而下的决策权是集中还是非集中控制的。当今的趋势是更多的企业将决策权下放给靠近客户和产品开发的部门，以提高企业应付市场变化的速度和能力，避免“情况”层层汇报，“指示”层层下达。

横向的权利分配指在不同部门间权利的平衡。例如随着客户在购买过程中对价格、条款和服务影响力的增加，企业往往在运作决策中将权利的重心偏向市场部门。而在成本压力不断增加的竞争下，整合采购是降低成本的有效方法之一，这时部分产品决策权将移向采购部。总之，横向权利分配是随着经营状况所需而变化的，目的是为了争取最大商业利益。而总经理的职责之一就是根据需要不断调节平衡点。

1. 潜规则——老板集权的原因

执行之难，难在分权。要让相关部门完成相应的任务，权利的分配是基础。对于多数老总而言，不是不愿分权，而是在未找到合适且放心的人选之前，不能分权。老总最大的困惑在于如何用人，“让合适的人上车，请不合适的人下车”。话虽容易，做着就难。因为工作总得由人去完成，而决定一个人去留的因素又太多，因此选人就成为一个难题。除合适的人难找外，企业老板的角色转换，也是个难题。当企业规模尚小，依靠老板的个人能力打天下时，老板理所当然地成为企业中的“司机”，大权在握，控制着企业的全部资源，把握企业发展方向，同时亲自在市场上冲锋陷阵，独自承担企业成败的全部风险。当企业逐渐做大，当企业老板希望完成从“生意人”向“企业家”转型时，“司机”型的管理模式已经不能再适应企业的发展需要了。这时比较理想的模式是做“船长”。好的船长，还需要大副、二副、三副及各岗位的配合，如何选择“副手”，就成为老板们最迫切也最头疼的事情。

另一方面，信任是有条件的，没有无条件的信任。为什么中国成功的民营企业中有很大一部分是家族企业？很大的原因在于家族内部存在先天的信任，这种信任屏蔽了很多问题，即便是人员素质可能不高，初期的各种管理制度不够完善。因为有了管理层之间的信任，企业才可以继续前行。

举个例子来讲，如同您家请了个保姆，如果您家的钱随手乱放，这500元那600元，甚至自己都不清楚家里有多少放钱的地方，您就不会真正信任保姆。不信任的原因，是您对自己钱的管理太差，心中没底。相反，如果您将钱存放的井井有条，大钱放到银行，小钱放到抽屉中锁好，您对保姆还有什么不放心的呢？

从这个例子可以看出，虽然很多企业在规模发展扩大后，也从外面请了职业经理人，但老板始终不敢将应该赋予职业经理人的权利交出去，自然经理人也无法承担起该承担的责任。很重要的一条原因是，老板缺乏对自己企业管控的手段。于是，这样的一幕经常看到：企业内部建起了很多流程，但每每涉及到钱、人事的流程就很长，要经过层层审批。企业的经营效率很低。虽然眼前的安全性提高了，但从长远看，企业的整体效率降低了，竞争力衰退，企业只能被挤出市场。恰恰是这种追求安全的做法将企业推到了悬崖边缘。

2. 权利随人员素质提升逐步下移

另一方面，分权的程度与企业的成熟度、人员素质也密切相关，这是一个随着管理成熟度的提高权利逐步下移的过程。就拿总公司与各地区分公司的权利分配来看，有人做过研究，二者之间呈现如下图所示的趋势：

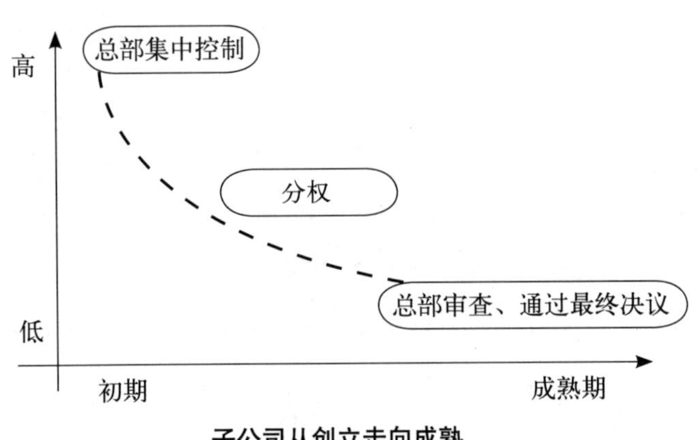

图3-2

随着子公司对区域市场的深入了解，管理和人员的成熟，总部的权利逐步下放。

3. 如何解决总部与分公司间集权与分权

对于正在全国扩展、建立分公司的企业来讲，可以按照下表中所示的步骤，阶段性的开展区域公司建设。在分公司发展壮大的同时，总部又不失去宏观调控、总体协调的功能，对各地区的情况分别指导，兼顾统一性与灵活性。管理改进是一个循序渐进的过程。建设适合企业发展战略的组织结构是克服企业成长过程中危机的唯一方法。

表3-1

	第一阶段	第二阶段	第三阶段
结构	总部兼职、属地管理 ●界定总部部门职责 ●子公司、生产厂继续作为利润中心 ●市场部管理大客户	功能协调、属地管理 ●加强总部对生产、销售和财务的协调 ●生产厂变成生产责任中心、子公司继续作为利润中心 ●市场部管理大客户	功能集中、属地管理 ●总部集中对销售、财务、采购的专业化管理和服务 ●子公司、生产厂变为成本中心 ●市场部全面管理区域销售
流程	●完善销售、采购工作流程 ●明确各部门在流程中的责权 ●完善信息管理基础	●进一步完善预算流程 ●制定完善的业绩评估体系 ●建立激励体系 ●信息传递规范化	●建立市场（客户）为导向的流程体系，一切围绕市场 ●信息传递自动化
好处	●各负其责、效率最优 ●保持现有利益平衡 ●逐步完善管理制度	●加强功能性，发挥公司的整体优势 ●有效考核激励 ●有利于高级人才培养	●最大程度地发挥总部的服务功能和产品生产、销售的规范效益 ●建立市场（客户）为中心的体系，能及时把握市场动向
必备条件	●高层从粗放管理向精细管理转变 ●员工素质提高	●总部强化协调能力 ●子公司的认可 ●高效的业绩评价体系和能力	●总部具有高度健全的管理能力 ●完善的信息管理系统

部门设置

由于企业规模差别大，从年营业额几百万到几十亿，营销管理水平也参差不齐。就其营销组织结构与职责划分的情况来看，可以说是五花八门。总的来说，都不外乎以下五种基本类型：

1. 职能型组织

最常见的营销组织是在营销副总裁领导下由各种营销职能专家——营销调研经理、新产品经理、广告和促销经理、销售经理、营销行政经理构成的。营销副总裁负责协调各营销职能专家之间的关系。

除了这五种营销职能专家外，还可能包括的营销职能专家有：顾客服务经理、营销计划经理和产品储运经理等。

职能型组织主要优点是行政管理简单，更适用于产品种类相对单一、经营地区较集中的企业。然而，随着产品的增多和市场的扩大，这种组织形式便会失去有效性。首先，由于没有一个人对一项产品或一个市场负全部责任，因而没有按每项产品或每个市场制定的一个完整计划，有些产品或市场就很容易被忽略；其次，各个职能部门为了获取更多的预算和较其它部门更高的地位而进行竞争，使营销副总裁经常面临调解纠纷的难题。

优点：

● 这种组织架构可以综合利用有限的市场和销售资源，为多个产品线提供服务，市场营销资源可以得到共享；

● 各个产品之间的市场营销工作易于集中管理、协调统一，有利于产品品牌的统一形象的树立；

● 有利于产品之间的交叉销售；

● 有利于专业职能的发展及经验的积累；

● 可以避免相同职能的重复设置，降低成本，如整合采购；

● 有利于资源的集中利用，加强谈判能力，如广告费用；

● 有利于同一职能采用统一的政策（如账款期）并推广最佳实践。

缺点：

● 部门之间沟通有较大难度；

● 不易于对各个产品进行销售和利润的统计分析；

● 不利于战略性产品的市场拓展；

● 各部门之间的协调工作量大，当产品生命周期短，开发活动频繁时运作效率低；

● 当产品类别、客户和渠道多样时高层领导会陷于大量的日常活动协调中。

需关注的关键问题：

● 明确跨部门的流程，以流程为导向开展日常运作；

● 必须有准确良好的单个产品成本核算体系和工具（如信息系统）；

● 对战略性产品必须以公司的整体利益为重，并为战略性产品的市场营销工作创造优先的激励机制。

适用范围：

● 产品类别区别不大，销售的目标市场相同；

● 产品开发周期和生命周期较长；

●专业经验整合在一个部门内可以形成规模经济；

●产品/服务相对标准，无需为客户量身定做。

2. 地区型组织

在全国范围内行销的企业往往按地理区域组织其销售队伍。销售部门有1个负责全国的经理，4个大区销售经理，24个区域销售经理，192个地区经理和1920个业务员。从全国销售经理依次到地区销售经理，其所管辖的下属人员的数目即“管理幅度”逐级增加。在销售任务复杂、销售人员的工资很高，并且销售人员对于利润的影响至关重要的情况下，这种分层的具体控制是很有必要的。

部分企业为了支持销量较高特色市场的营销活动，还在各地区设有“地区市场营销专员”，帮助总部的市场营销经理，调节当地的广告、促销、公关等营销组合力量，以便市场营销活动更适应当地消费者需求。地区营销专员也要制定本地区年度计划，销售公司在当地的产品。

优点：

●地区型营销组织可以充分发挥当地市场的特点，满足当地客户的需求；

●每一地区的市场和销售较易根据市场情况及时作出调整；

●有利于产品在当地市场的拓展；

●有利于及时送货（JIT）并降低运输成本；

●有利于捕捉更多的客户（如连锁店麦当劳、KFC等）；

●有利于积累当地客户知识（销售部常按地理分布）。

缺点：

● 整个公司的集中管理性较弱。公司总部层面的集中管理压力减少，具体的管理和控制权利下放到各区域部；

● 各地区有可能会有功能重叠，如部分市场、客户服务功能，造成资源浪费；

● 各地区的营销工作不易协调统一，不利于产品品牌的统一形象；

● 公司的战略意图在统一执行上难度较大。

需关注的关键问题：

● 公司总部对各地区分公司必须有管理和调控机制，以达到执行公司战略意图的目的；

● 控制资源配置，节约管理成本。

适用范围：

● 产品本身价值和运输成本相对较低的产品；

● 服务必须上门完成；

● 要求离客户近以便运输和维护（如玻璃制品，冷冻食品）；

● 必须在当地设立机构（如边境、机场免税店）。

3. 产品或品牌管理组织

生产多种产品或多种不同品牌产品的企业，往往按产品或品牌建立管理型的组织，即在一名产品总经理领导下，按每类产品分设一名经理，再按每种具体品种设一名经理，分层管理。

如果一个企业生产经营的各种产品之间差别大，并且产品的绝对数量又多，超过了职能组织所能控制的范围，则适于建立产品管理型组织。

产品管理型组织最早出现在宝洁公司。以后许多厂商，尤其是食品、肥皂、化妆品和化学工业的厂商，纷纷效法。例如，通用食品公司在其“邮寄部”就采取产品管理型组织，设了若干独立的产品线经理，分别负责粮油、动物食品和饮料等；在粮油产品线中，又分设若干品种经理负责营养粮食、儿童加糖粮食、家庭用粮食和其它杂粮；营养粮食产品经理之下又设若干品牌经理。

产品经理的作用是制定产品计划，监督产品计划实施，检查执行结果，并采取必要的调整措施。此外，还要制定产品竞争策略。产品管理是培训年轻管理人员的最佳场所，因为产品管理涉及到企业业务经营的几乎所有方面。

图3-3所示意的架构适用于有产品线较宽、技术含量高的成长型企业。

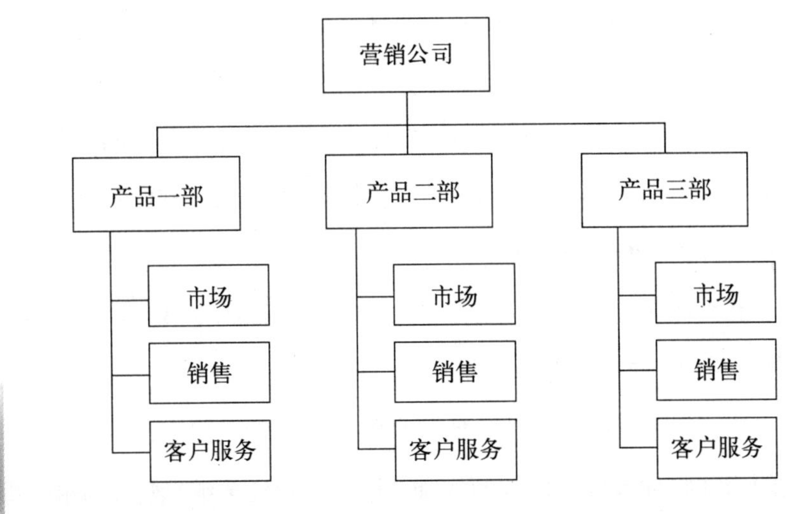

图3-3

优点：

● 产品经理协调了他所负责产品的营销组合策略，针对产品的市场和销售较易沟通和协调；

● 产品经理能及时反映该产品在市场上出现的问题；

● 由于产品经理各自负责销售自己所管的产品，即使不著名的产品也不会被忽略；

● 易于对各个产品进行销售和利润的统计分析，以便进行各个产品的战略决策；

● 有利于战略性产品的市场拓展；

● 有利于围绕该产品的业务发展；

● 在多种经营的集团中有利于权利下放，对不同的业务实施不同的管理模式；

● 有利于新产品的成长，不会被成熟业务挤垮。

缺点：

● 产品管理造成了一些矛盾冲突。由于产品经理权利有限，他们不得不依赖于同广告、销售、制造部门之间的合作，而各部门往往把他们看作是低层协调者而不予重视；

● 产品经理比较容易成为他所负责的产品方面的专家，但不容易熟悉其它方面（如广告促销等）的业务；

● 产品管理系统的成本往往比预期的组织管理费用高，因为产品管理人员的增加将导致人工成本的增加，同时企业还要继续增加促销、调研、信息系统和其它方面的职能专家，结果使企业承担巨额的间接管理费用；

● 功能重叠，易造成资源浪费；

● 各产品之间不易协调；

● 各部门负责人建立独立王国，即使可以分享的信息和资源也容易被封锁在部门内；

● 虽然产品不同亦非所有的职能都不能共享，如人事、财务、信息设施服务等职能在不同产品部下复制会造成资源浪费。

需关注的关键问题：

● 各个产品的市场营销小组之间必须有良好的沟通机制，以达到市场信息共享；

● 对共同的客户群必须以公司的整体利益为重，提供最能满足客户实际需求的产品。

适用范围：

● 企业有不同的产品针对不同的客户。如世界最大的餐饮集团之一——百胜全球餐饮集团旗下拥有的包括肯德基、必胜客、塔可钟（TacoBell）、爱德熊（A&W）及Long John Silver's（LJS）五个世界著名餐饮品牌，在全球烹鸡类、比萨、墨西哥风味食品、热狗及海鲜连锁餐饮领域为不同客户提供服务；

● 产品开发和生命周期较短，需专人专注于该产品的开发；

● 专业经验整合在一个部门内不能形成经济规模（如销售炸鸡和可乐）；

● 该产品的规模可用利润中心模式运作。

4. 客户－市场管理组织

当客户可以按其特有的购买习惯和产品偏好细分和区别对待时，就需要建立市场管理型组织。它同产品管理型组织相类似，由一个总市场经理管辖若干细分市场经理。各市场经理负责自己所辖市场的年度销售利润计划和长期销售利润计划。这种组织结构的主要优点是：企业可围绕着特定客户的需要开展一体化的营销活动，而不是把重点放在彼此割裂开的产品或地区上。在以市场经济为主的国家中，越来越多的企业组织都是按照市场型结构建立的。有些营销专家认为，以各主要目标市场为中心来建立相应的营销部门和分支机构，是确保企业实现“以顾客为中心”的现代营销观念的唯一办法。

如很多公司将客户首先分成个人客户、个人大客户、企业客户三个部门，各部门所采取的营销手段、销售渠道，甚至主要销售的产品都会有所不同，如图3-4所示。

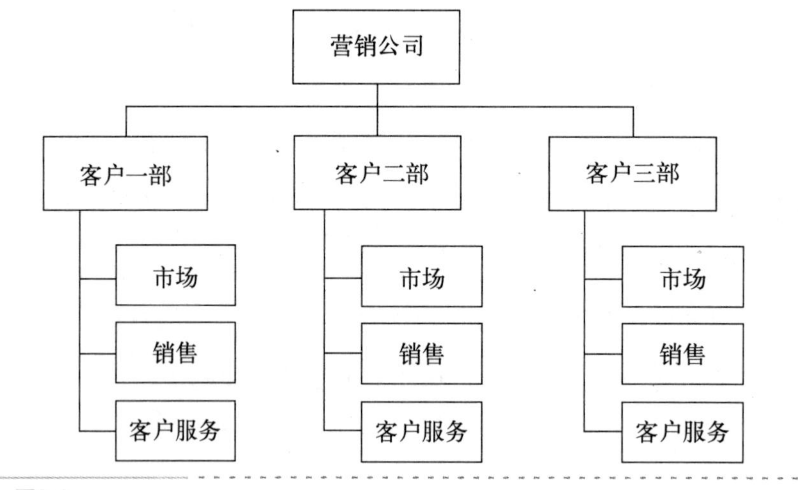

图3-4

优点：

● 有利于从客户需求出发进行产品/服务的组织；

● 满足客户要求：目前很多企业将采购进行了整合，这一趋势使大客户的谈判能力更强，对供应商的客户管理、服务等都要求有专职部门服务；

● 有利于积累行业知识和客户经验。

缺点：

● 各部门负责人建立独立王国，即使可以分享的信息和资源也容易被封锁在部门内部；

● 部门重复，会存在一定程度的资源浪费。

需关注的关键问题：

● 客户分类非常重要，不同的分类角度体现了企业管理市场的能力；

● 对不同类别的客户设计不同的产品或服务政策；

● 由于客户有很强的谈判实力，企业对客户的了解将构成明显的竞争优势，需要专人从事相关工作。如麦当劳、家乐福的供应商有专门的销售人员服务，对其质量、供货和库存要求了如指掌。

适用范围：

● 客户要求变化大，产品周期短。

5. 产品－市场管理型组织/矩阵式组织

面向不同市场、生产多种不同产品的企业，在确定营销组织结构时面临着两难抉择：是采用产品管理型，还是采用市场管理型？为了解决这个难题，企业可建立一种既有产品经理，又有市场经理的矩阵组织。然而，这样的组织结构管理费用太高，而且极易产生内部冲突。矩阵组织结构面临新的两难抉择：一是如何组织销售人员?究竟应该按每一类产品组织销售队伍，还是按各类客户组织销售队伍？或者销售队伍不实行专业化。二是在各个产品市场上由谁定价？

绝大多数经理认为，只有对那些相当重要的产品和市场才需要同时分设产品经理和市场经理。但也有些经理认为，这种组织结构的管理费用高和潜在的矛盾并不可怕，它所能带来的效益远在为它付出的代价之上。

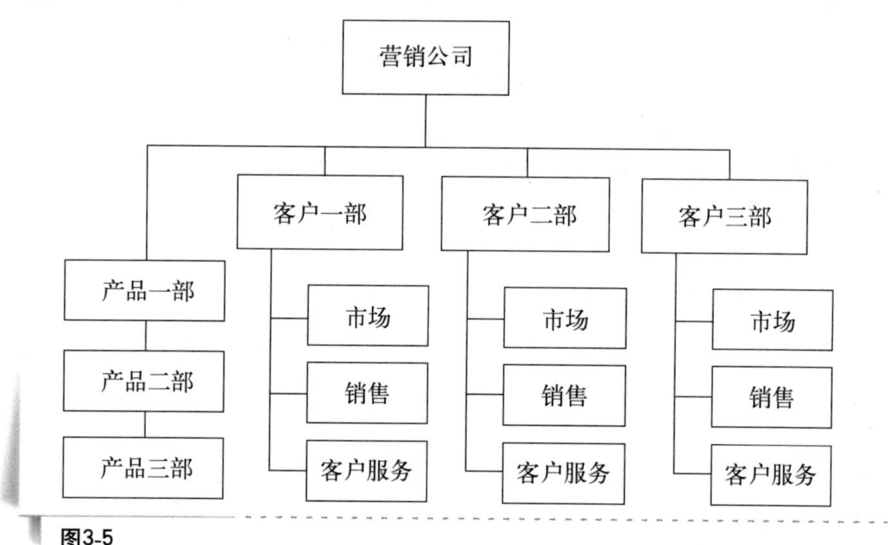

图3-5

优点：

● 同时利用专业和产品经验；

● 鼓励创新；

● 通过协调满足客户需求；

● 促进复杂的决策。

缺点：

● 双向的汇报关系，复杂的信息流；

● 费用大；

● 责任难以划分，因为责任是由产品经理、市场经理以及营销专家共同分担的；

● 战略的制定和协调比较困难，因为负责此项任务的一般是较低层的管理人员，他们很难确定各项任务的优先级并与市场营销以外的职能部门进行协商平衡。

需关注的关键问题：

● 优秀的信息技术支持；

● 多采用跨部门小组等工作方式，对团队合作、员工素质要求较高；

● 产品部门的内部营销工作；

● 销售队伍应该如何组织，按产品还是按市场；

● 由谁负责制定各个产品在各个市场上的价格；

● 关键的市场营销业务流程。

适用范围：

● 多品种、多市场的公司，产品的技术复杂程度较高，并且客户化要求较高；

● 客户对创新有较多要求。

6. 公司与事业部组织

以上提到的5种营销组织形式中，除职能型为成本中心，其他均可以按利润中心或事业部的方式运作，即随着公司规模的扩大，通常将各大产品部门升格为独立的事业部，事业部下再设自己的职能部门和支持部门。随之而来的问题是，公司总部应当保留哪些营销活动和职能？通常有三种选择：

- 公司一级不设营销部门；
- 公司一级保持适当的营销部门；
- 公司一级拥有强大的营销部门。

另外，是否采用事业部制除了前面所列出的优势与劣势外还应考虑：

- 经营规模；
- 成熟度；
- 成本与收益；
- 绩效管理。

二、影响营销组织设计的关键因素

在回答上面提到的四个关键问题的时候，具体到企业自身的情况，人、财、物的权利应该如何分配，市场、渠道、推广应该怎么管，让谁去管，彼此之间如何配合，在面对现实中这些比较复杂问题的时候，每个企业的回答都是不一样的，因此造成现实中各公司不同的组织架构和管理风格。这又是和每个企业所处的行业、企业的历史、发展规模、内部的文化等密切相关的。每个企业都是独一无二的，别人这样做成功了，不等于你这样做也能成功。所以，我们是无法靠简单的模仿GE或是DELL的做法就能成功的。

每个企业在做设计时，必须结合自己的实际情况。具体来说，这些因素包括：

企业经营战略

首先，是企业的经营战略和营销战略。"战略决定结构"，这是影响企业组织架构的最基本原则，也是为什么企业的组织结构需要历时变革的原因。

美国著名学者钱德勒在其成名作《战略与结构》（1962）一书中向人们揭示的企业成长的一个基本且至关重要的原则："组织结构服从企业战略"。其含义是：某项企业战略的实施必须有与其相适应的组织结构来支持，企业战略的转变必然会引起其组织结构的变革，新的企业战略在原有的组织结构框架中难以取得预期的效果。作为企业成长的一项基本原则，钱德勒关于美国企业的研究结论同样适用中国企业。

"不同的组织形式根源于不同的增长模式。战略可以被定义为企业确定的长期目标，以及为实现这些目标所必须采取的一系列行动和资源配置过程"。

当企业确定了一项战略并期待这项战略能够取得预期效果的时候，企业常常需要考察自己的组织结构是否适应战略的要求，能否有助于实现战略，获得竞争优势。比如，如果企业的整个战略是要寻求更多的创新活动，这个战略就要求组织具有更加灵活的结构。而当企业推行低成本战略时，它就要求组织结构必须有助于提高效率，这时的组织结构通常要具有更多的机械性。

联想自20世纪90年代初成立以来，共经历过四个比较大的战略发展阶段。伴随着企业战略的转移，为支持战略目标的有效达成，均对组织结构进行了大幅度的调整。

汉卡时代

20世纪90年代初，以自主研发联想汉卡和国外计算机产品代理成功之后，联想转向了个人电脑制造。这决定了联想集团后来的成功。联想在品牌上的投入造就了联想PC的成功，后者又反过来强化品牌，联想进入越来越强的正循环。

公司采用了如下的组织结构：

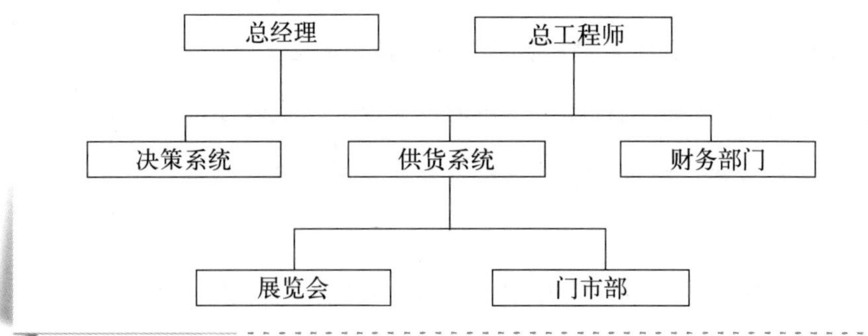

图3-6

Legend的联想

1994～1995年间，联想集团逐渐缩减过去包括程控交换机、打印机等方向繁多的技术研发。在经历了两年的以贸易为重点的发展之后，1996年柳传志正式提出联想的发展模式由“技工贸”转向“贸工技”。历史证明，这一选择强化了联想在个人电脑相关业务上的成功。

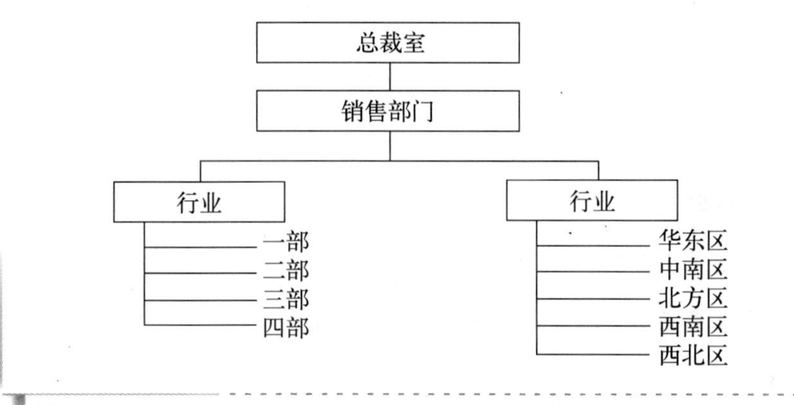

图3-7

杨元庆的联想

2001年4月，联想按自有品牌和分销代理两大核心业务分拆为新的联想集团和神州数码集团。联想集团设计了三层产品业务链，第一层是提供现金流的台式电脑、笔记本和主板机业务；第二层增长业务是服务器、手持设备以及外设；支撑未来发展的第三类业务是服务类业务，包括信息运营、IT服务等。迄今为止，台式电脑依然是联想最核心的业务。神州数码选定的未来发展方向是“IT服务”，试图突破单纯的分销代理业务，但到目前为止分销代理业务仍占其总收入的80%以上。

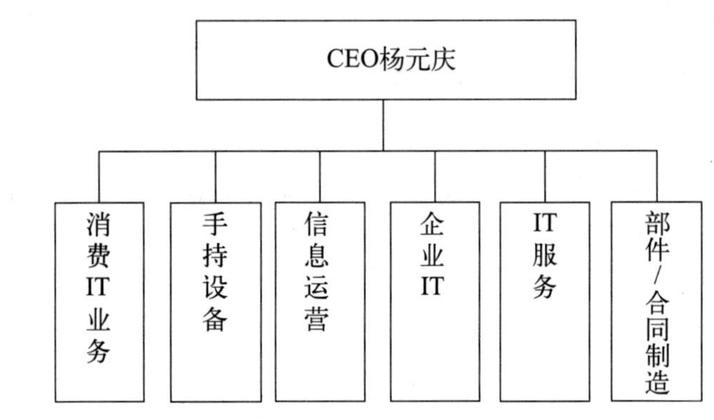

图3-8

Lenovo的联想

2004年杨元庆梦想挤入100亿美元企业行列，重新确定核心业务为PC及相关产品（笔记本、服务器、外部设备等）。

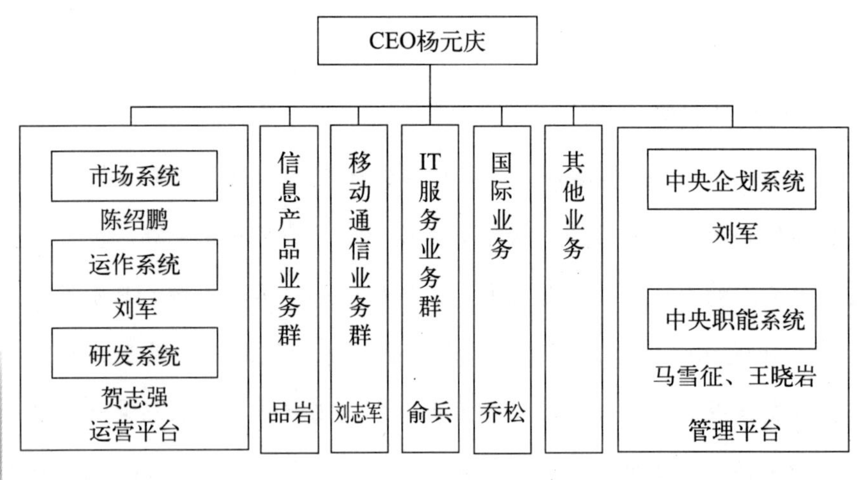

图3-9

回顾联想组织变革的这四个阶段，企业在不同的发展阶段，采取不同的战略，导致其内部的关键职能不同。下表是米歇尔·罗伯特关于企业战略决定关键职能的研究成果。

表3-2

战略	组织特征
低成本战略	明确的职责分工和责任、高度的中央集权、严格的成本控制 标准操作程序、高效的资源获取和分销系统以满足严格的定量目标为基础的激励 密切监督、有限的员工授权 经常和详细的控制性报告
差异化战略	有机的、宽松方式的行动，部门间较强的协作性 在研发、产品开发和市场营销部门之间的密切合作 重视主观评价和激励，而不是定量指标 轻松愉快的工作氛围，鼓励创造性强、思维开阔、创新的员工 较多的授权
聚焦战略	高层指导下属决策在特定战略目标上结合 奖励和报酬制度灵活，与客户关系密切 衡量提供服务和维护的成本 强调客户忠诚 加强员工与客户接触的授权

正如德鲁克在《管理：任务、责任、实践》一书中指出的，企业各项管理职能如同建筑物的砖料和各种构件，关键职能如同建筑物中负荷最大的那部分构建。因此任何一家运行良好的公司都会将关键职能放在企业组织结构的中心地位，必要时由总经理亲自抓，组织结构在设计时也必须明确指出公司的关键职能和部门。否则，即使各项基本职能健全，但抓不住主要矛盾及平均使用力量，或者互相争当主角，造成摩擦与内耗，组织管理依然低效，不能切实保证企业目标的实现。

企业规模

规模是影响企业组织设计的重要因素。很多研究表明，企业的规模不同，其内部的层级结构也存在明显的差异。这些差异体现在组织的规范化、组织内部的分权程度、人员结构等方面。一般来说，企业的规模越大，员工数量越多，公司内部越容易采用机械性的组织结构，制定详细的规章制度，并通过严格的程序和书面工作实现标准化，并对员工和部门进行控制。

下表是在不考虑其它因素时，不同规模企业组织结构要素特征的差异。

表3-3

结构要素	小型企业	大型企业
管理层次（纵向复杂性）	少	多
部门和职务的数量（横向复杂性）	少	多
分权程度	低	高
技术和职能的专业化程度	低	高
规模化程度	低	高
书面沟通和文件数量	少	多
专业人员比例	小	大
中高层管理人员比例	大	小

这些结构要素的变化是相互关联的，企业规模大直接增加了组织结构的复杂性，一方面分工细化，部门和职务的数量增加，另一方面管理层次也会增加。分工细化的结果是既提高效率，有利于企业规模的进一步增加，同时又需增加专业人员的比例，增大了协调的工作量，从而使书面沟通和文件数量增加。

管理层次增加，促使分权增多，导致对标准化程度的要求上升和中高层领导人员的减少。而协调工作量的增加和标准化的加强必然引起规范化的提高，使书面文件的数量增加，反过来这又降低了协调工作量，再加上分权有利于中高层领导人员摆脱日常事务，因而带来了管理人员比例的降低。

因此企业规模扩大后会引起组织结构的一系列变化，其中一些变化又存在因果关系。

人员素质

人员素质对组织结构设计的影响目前还没有引起足够的重视，但是在组织结构设计中对人员素质的影响考虑不够会产生较严重的问题。比较典型的例子是麦肯锡为实达做的组织结构设计咨询，将实达由原来各产品线独立经营的事业部改为销售资源共享的产品经理制后，由于产品经理主要由原工程人员调整而来，但他们多数不懂营销，不能承担产品线的策划管理之职，而客户经理主要由原销售人员调整而来，他们对其它相关的产品技术缺乏较深入的了解，无法承担为客户提供整合服务的职能，因此组织结构调整过后导致经营状况大幅下滑。

1. 人员素质对组织结构的主要影响

● 集权与分权。企业中层人员管理水平高，管理知识全面，经验丰富，有良好的职业道德，则管理权利可较多地下放；反之，权利则应多集中。

● 管理幅度大小。管理者的专业水平、领导经验、组织能力较强，就可以适当地扩大管理服务；反之，则应缩小管理幅度，以保证管理的有效性。

● 部门设置的形式。如实行事业部制需有比较全面领导能力的人选担任事业部经理，实行矩阵结构。项目经理人选要求有较高的威信和良好的人际关系，以适应其责多权少的特点。

● 定编人数。人员素质高，一人可兼多职，可减少编制，提高效率；人员素质低，则需将负责的工作分解由多人来完成。

● 协调机制。员工具有良好的协作风格，可以在某种程度上弥补协调机制设计上的不足；反之，如果员工本位主义严重，又缺乏必要的沟通培训，则部门间必然争执不断，工作效率低下，需要加强协调机制的设计。

2. 因事设人与因人设事

因人设事常被作为一种对现实的妥协而受到批评，因事设人则倍受推崇，被认为是符合组织结构设计的基本原理。实际上这两者不应绝对化，不同的企业不同的阶段应以一种原则为主进行设计。

新企业刚成立，或企业处于快速发展时期，根据发展需要招聘人手，充分体现因事设人原则。但企业发展平稳，或发生收购兼并时，或遇到具有战略意义的人才时，因人设事也是有必要的。

将现有人员置之不理是不现实的，而且因事找人并不一定就能找到合适的人，因岗设人是比较理想的一种状态。

从盖洛普公司长达30多年的调研成果看，让员工有机会做自己最擅长的事是成就卓越公司的重要理念。根据岗位需要设置人员，难以充分发挥现有人员的优势，企业的业绩、员工满意度、工作效率等均处于一般水平。

3. 组织设计与人员培训同步

在目前的状况下进行组织结构设计既要充分发挥现有人员的优势，因人设事，又要因事设人，不能消极迁就企业现有人员素质落后的现实。人是执行中最活跃的因素，也是最具开发潜力的因素。组织发生变化，但是人的思想、素质不变，那也只是“换汤不换药”，不能够达到预期目标。因此，管理人员、普通员工的培训教育、企业文化的建设等必须伴随组织结构的调整同步进行，并且应成为企业日常工作的一项重要内容。

技术/应用系统水平

很多研究证据表明，如果一个企业的技术属于常规技术，并已经比较成熟了，这个企业往往会采用层级特征比较明显的组织结构。而如果企业的技术属于不确定因素比较大的非常规技术，则组织结构一般应该具有一定的弹性。

经营环境

企业的行为必须顺应环境的要求。在现代经营环境快速变化的情况下，能够“长寿”的企业不一定是能力最强的企业，而是最能适应环境变化的企业。因此，企业组织结构设计必须充分考虑环境因素的影响。

1. 环境的种类

企业所处的环境可根据与企业的相关程度分为任务环境和一般环境。任务环境与企业相互作用并直接影响企业实现目标的能力，包括行业竞争环境、原材料、市场、替代品等，他们影响着企业所在行业的利润率，决定着该行业的吸引力。一般环境虽然对企业的日常经营没有直接影响，但会有间接影响，包括政府、社会文化、宏观经济、技术及投资融资环境等。

2. 环境的不确定性

环境的不确定性可以从环境的复杂性和稳定性两个维度进行考察。

环境的复杂性指与企业经营有关的外部因素，如消费品企业面临消费者这样单一的市场环境，就比电信运营商面临许多不同顾客的市场环境简单得多。

环境的稳定性是指环境因素的变动程度。一个环境领域如经过一年和几个月仍然保持不变就是稳定的。而不稳定的环境下影响企业经营的因素会突然变化，如竞争对手对企业的市场行为作出的针对性和对抗性活动。

今天大多数企业所面对的环境正变得更加不稳定。相对而言，公共用品面临的环境较为稳定。

3. 环境不确定对组织结构的影响

环境不确定对企业组织结构的影响，主要表现在对职位和部门、组织的分工和协作方式、控制过程及计划和预测等方面。当外部环境的复杂性增加时，外部环境中的每个因素都需要一个岗位和部门与之联系。组织结构中的职位和部门的数量会增加，这样增加了企业组织内部复杂性。当外部环境迅速变化时，组织的各部门在处理外部环境中的不确定性方面变得高度专业化，每一部门的成功都要求具有专门的知识技能和行为，表现出较大差异。举例来看：

如果企业所在的经营环境不够稳定，企业组织依赖环境的程度又比较高，在这种情况下，企业组织结构设计应该具有比较大的弹性，层级管理不应该过于严格。不过，现实中也有企业处于动荡环境，但因严格采用层级管理而取得成功的例子。

组织的差异化程度越高，部门之间的协作就越困难，从而组织中承担协调整合功能的固定机构和人员（如品牌经理、客户经理）与临时机构（各种委员会）就越多。因此不确定性高的环境下，运行良好的组织具有较高的内部差异化和整合水平，反之不确定性低的环境中运行良好的组织则差异化和整合水平相对较低。

环境的不确定性也必然影响着组织内部的规范化程度。当外部环境迅速变化时，组织内部相对松散，控制较弱，更具适应性；当外部环境较为稳定时，组织内部的规章、程序和权利层级较为明显，组织的集权化程度较高。

环境的不确定性对组织的计划和预测也有较大影响，当环境稳定时，组织能够集中精力解决当前的经营和日常效率问题。长期的计划和预测是不必要的，因为未来环境的要求与今天是相同的。随着环境的不确定性增加，计划和预测变得必要。计划能够减少外部变化的负面影响。具有不稳定环境的组织通常建立一个计划部门，审视环境因素并分析其它组织的潜在行动和对策。计划的范围很广并可能预测不同环境的偶发事件，计划随着预测而变化。

环境不确定除对企业组织内部有上述影响外，还影响企业与外部环境的关系，如企业与其它组织建立战略联盟、通过控股和参股建立集团、业务外包建立网络组织等。

营销组织设计的五项基本原则

通常在设计营销组织时，有以下几条基本的原则需要遵循：

1. 反应企业战略——市场定位、客户价值及核心竞争能力（产品战略、渠道战略）；

2. 注重经济效益——精简或外包低附加值的结构设施；

3. 体现业务流程——流程的各环节由专业部门负责；

4. 促进绩效——部门、个人职责界定清晰，避免多头负责；

5. 提高运作效率——扁平化，授权充分，减少责任重叠。

多产品、多品牌的营销组织设计

组织结构对企业运作效率的影响随着企业规模的扩大、经营产品线种类的增多等因素逐渐增强。目前，大多数多产品线的企业采用以产品事业部为基础的组织结构，不同的产品事业部有着近乎一致的组织结构，在一定程度上造成资源浪费。如何整合具有相同性质的资源，如何最大限度的贴近市场，保持各产品线的特性，是各企业要思考的问题。

多产品线企业的组织效率

重组前的组织结构及重组背景

一、重组前的组织结构

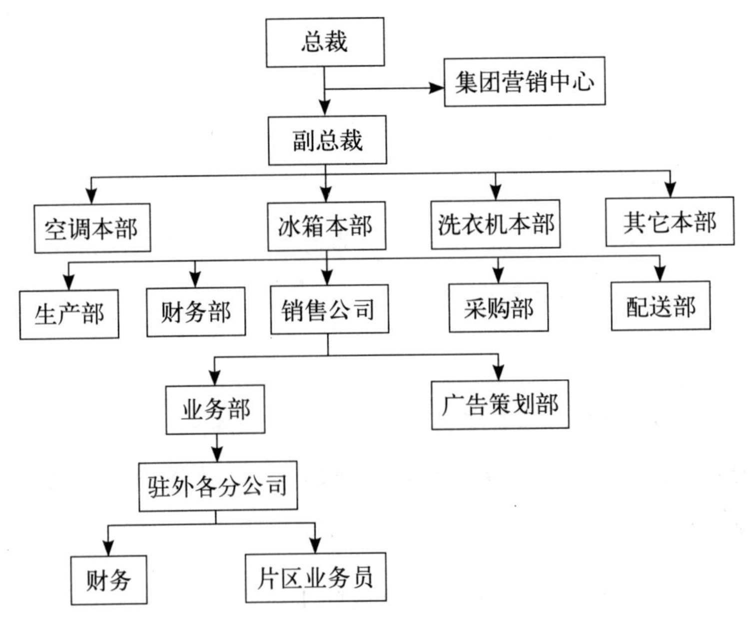

图3-10

注:上述组织结构没有包括所有的职能部门，而是包括核心部门以及直接参与业务流程重组的部门，如各产品本部的新产品开发部门因重组前后的职能及所隶属部门没有变化，故未列出;顾客服务部门重组前后的职能没有变化，尽管隶属部门有所变化，也未列出。

二、整合背景

1.由组织结构图可以看出，各产品本部为一个独立的事业部，有自己完备的生产、营销、财务等部门。基于下述分析，集团开始进行业务流程重组。

由于存在零部件的公用性以及上游供应商生产产品的多样性，若将各本部的采购部整合为一个部门统一进行采购活动，则有望达到规模经济，且新建采购部门专职进行采购，专业化程度会得以提高。

2.仓库隶属于各个本部，由于家电产品周期性较突出及受生产能力制约，旺季到来前的几个月前要及时备货，导致仓库库存量很大。到了淡季仓库又大量闲置。不同种类家电产品的淡旺季本是交错出现的，但由于部门间的壁垒，使各部门的仓库规模不经济，从集团角度看，仓库过大、费用太高。

3.各部门都按最大运输量时的规模建立自己独立的车队，导致集团车队总量过高。同时，由于部门间缺乏协调机制，在运输过程中又导致运力大量闲置。

4.从客户关系角度分析，考核每位驻外分中心经理的最终指标是回款额和销售额。由于完成任务并不轻松，在每个销售月份的最后几天，分中心经理及其业务员纷纷到客户那里催款、开票，客户应接不暇，很希望有一个代表进行统一谈判。

5.虽然各分中心是集团营销中心的外派机构，但其在广告费以及政策费用的控制上没有发言权，而各产品本部销售公司在各地的分中心经理也没有动力去联合其他产品进行品牌形象、产品形象方面的整合策划活动，因此专卖店、大型卖场中的“店中店”等销售业态在业务流程重组前没有出现就很正常了。

重组后的组织结构及效率分析

一、重组后的组织结构

（1）该结构图仅包含了核心部门及参与业务流程重组的部门；

（2）各产品本部只具有生产、研发及部分策划功能，而将原来的销售、仓储、运输等功能全部整合到其他部门；

（3）商流推进本部将原来各产品本部的国内销售功能与中央级媒体的广告策划及所有广告的发布功能整合在一起；

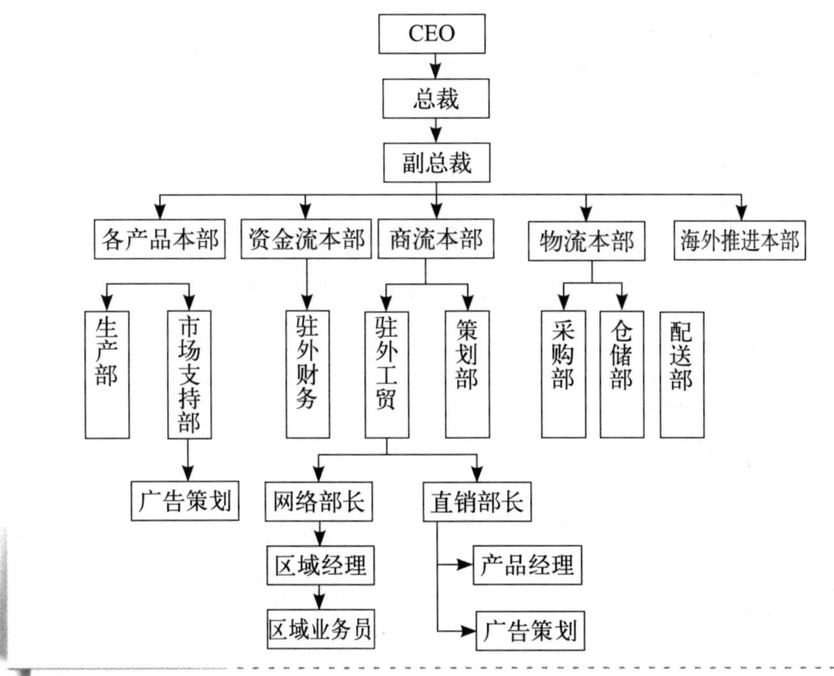

图3-11

（4）物流部门整合了原各产品本部的采购、仓储及运输功能；

（5）海外推进本部整合了原各产品本部的国外营销职能。

二、重组后的效率分析

1. 物流本部的效率分析

由于物流整合了以前各产品本部的仓库、车队，并对其进行统筹规划，使淡旺季时的产品在仓库使用、运输等方面形成互补，大大节省了仓储、运输费用，并且旺季产品的送货及时率较以前有了较大幅度提高。

工贸的配送效率也有了较大提高。业务流程重组前，送货工作由各产品线单独进行，如客户一次提取不同种类的产品，各产品线独立送货既给客户造成了不必要的麻烦，同时又造成运力浪费。而整合后统一配送能够达到规模经济，同时提高了配送及时性。

2. 资金流本部的效率分析

资金流本部将重组前的各产品本部财务整合于一体，派驻相应部门至各产品本部对财务状况进行监控，起到了监控及闸口作用。同时，派驻分支机构至各驻外工贸，对工贸的资金运作、成本收益等进行监控，改变了整合前由分中心经理独立控制财务的状况，一定程度上规避了财务风险。

财务的整合也简化了回款的业务流程。重组前，经营集团多种产品的客户对不同种类产品的回款，要分别办至各分中心经理;重组后，则只需将款项办至工贸财务，然后需要什么种类的产品直接用上述款项提取即可，不需要到各产品经理处分别提货，方便了客户。

3.商流本部的效率分析

（1）产品经理与区域经理的职责

工贸总经理是驻外工贸的总负责人，负责集团系列产品在当地的品牌提升，完成回款、销售额任务。产品经理、区域经理直接对工贸总经理负责。按照集团的定义，产品经理负责工贸所辖范围内自己所代表产品的品牌提升、促销活动策划、卖场建设规划及执行等事宜，充当工贸与产品本部的联络者；区域经理负责所辖区域全部产品的网络建设，协调客户关系，完成销售额、回款等指标。产品经理与区域经理所负责的范围大小是有区别的，以哈尔滨工贸为例（统辖黑龙江省），产品经理例如冰箱产品经理，负责整个省的冰箱情况，同时哈尔滨工贸划分为8个区，设8个区域经理及相应的区域业务代表，负责区域范围内所有产品的销售。

从考核指标上看，由于产品经理的指标属于软指标，考核起来难度及柔性较大，因此仍以销售额来进行考核；区域经理以回款额、销售额进行考核，同时为防止区域经理倾向于单一产品，又增加了产品均衡这一指标，即在整体产品系列中即使完成了总体的回款额、销售额任务，但若只集中于某一类或某几类产品，工资也会被否决（合计有三类产品达不到各自销售任务的75%）。

（2）产品经理与区域经理的职责冲突及效率分析

在实际运作中，产品经理做出每月、每周该产品的操作指导书，包括主推型号、特殊机型、产品卖点、政策、促销活动、卖场布置标准等，在营销总经理批准后下发至各区域经理。区域经理要做的就是执行该操作指导书。由于区域经理统管10大类产品，每周、每月到达他手里的指导书就有10份，研究这些指导书要花费很多时间，并且由于每份指导书都包括了该产品的产品系列、卖点、对竞争对手的策略分析等，要研究透10类产品，完成与客户谈判就有很大难度了，况且区域经理还要履行公司要求的其他职能。区域经理的精力是有限的，所以谈回款的时候，区域经理总是要与产品经理一起去才可能将产品、竞争对手等情况谈清楚，拿下一笔款项。产品经理的职能逐步向业务职能过渡，于是产品经理与区域经理开始争执，指标完不成，区域经理埋怨产品经理对该区域不重视，而产品经理埋怨区域经理不努力主推该产品。

区域经理是对客户的第一负责人，一笔款项谈下来后，其拥有对这笔款项在各产品之间进行分配的权利，所以产品经理（尤其是小产品线）为处理好与区域经理的关系，甚至将用于客户关系的一部分费用用在拉近与区域经理的关系上。这种做法还逐渐演变为产品经理向产品本部申请政策，对于完成该产品销售计划的区域经理给予奖励。于是，区域经理会在月初分析哪个产品线的奖励多，就努力完成该产品线的销售任务，而对其他产品线的考虑就要少一些，这对整体产品线的发展是相当不利的。更有甚者，在某些月份当区域经理发现完成总体任务无望时，会彻底放弃总体任务而把总体款项集中于有额外奖励的产品。额外奖励对整个集团而言是一种典型的内部成本，诱导产品线向以内部关系为主的方向发展。对于一些小产品线，若产品经理关系能力差一些，几个区域经理会联合起来对该产品线不予回款，迫使该产品经理辞职或调换。

（3）网络情况分析

区域经理与产品经理在建立以及维护网络方面存在差异。区域经理希望多开设网点，这样完成任务会有更多的网络支持，而产品经理要在整个公司范围内进行网络规划，若需要减少某个区域的网点数量或限制某经销商的总体销售量时，会遭到该区域经理的强烈反对。总经理尽管清楚网络总体规划的重要性，但限于指标压力往往也只好作罢。

产品经理由于精力有限，不可能建立以及维护很多网点，只能采取抓大放小的原则与几个大客户进行沟通，许多中小网点放任自流，而区域经理迫于自己产品知识的缺陷及精力限制，对此类网点的维护能力也很有限。同时，同一区域内建点过多会导致价格竞争，使部分新建网点和实力不稳的老网点只好关门作罢。结果，尽管尽力建网点，但由于短期利益驱使及缺乏对网络的维护，导致网点的数量和质量下降。

在网点的性质上，区域经理倾向于建立综合性网点，以实现网络共享。这种做法对于季节性不明显的产品可以达到规模经济，对于季节性较强的空调产品则是另一种情况。空调的销售旺季短，旺季时许多中小网点的货源难以保障，因此客观上需要比较大的网点在淡季备货，起到“蓄水池”的作用，但综合性网点是依靠产品的季节差经营的，它不愿意承担“蓄水池”的角色。所以，区域经理的建网方案对有些产品线的网络建设起不到太大作用。

（4）与客户的沟通及关系

业务流程重组前，一位客户要同时与各分中心经理沟通。重组后，尽管区域经理是客户的第一责任人，但由于其产品知识缺乏等方面的原因，还要与产品经理一起与客户谈判，客户所面对的总人数并没有减少。而且在这个流程中，客户与各产品经理沟通前，首先要与区域经理沟通。如果客户直接与产品经理联系，一些区域经理会通过自己所掌握的政策对该客户“制裁”，这样多了一个环节，就降低了办事效率。

流程重组前，各分中心经理是客户的第一以及最终负责人，在对网络合理布局的同时会极力维护每一个网络。重组后，产品经理迫于指标的压力，会与区域经理一起与客户谈判。每月月底只要客户有回款、有销售额，要什么条件都可以答应，造成一种无目的、无节制地开放政策的局面，而月底这一关一过，给客户的政策又往往不去兑现，周而复始产生了严重的信任危机，导致客户意见很大，网络的数量和质量下降。

（5）广告费用的分配及投向

流程重组前产品本部的广告费用在重组后分为两部分：一部分由产品本部的广告策划部门支配，另一部分由商流本部各工贸统一支配。前一部分费用主要用于产品本部统一制作产品单页、POP、海报、部分活动礼品，然后统一发放至各工贸用于该产品的卖场布置、促销活动等，这部分开支占总体费用的比例不是很高。广告策划部门没有使用的广告费，则由各工贸的产品经理统一支配，用于该产品的品牌提升、促销活动等方面。

由商流工贸支配的广告费用又分成两部分使用:一部分用于集团统一的形象活动，如重要节假日各产品一起进行的统一推介活动等;另一部分用于旺季产品的形象宣传及促销活动，如在空调销售旺季，工贸会考虑将广告费侧重于空调产品。工贸控制的广告费用额度较大，由于这部分费用由工贸广告策划部部长支配，在实际操作中，各产品经理为了使工贸的广告费用向自己的产品倾斜，不得不花费大量时间与广告策划部部长、营销部部长协调关系，最终广告费用的投放比例往往由产品经理与部长的博弈结果决定（尽管广告策划部部长会考虑淡旺季情况），“会哭的孩子有奶吃”。

（6）各产品线的发展潜力

工贸为了完成总量任务指标，会将大量的人力、财力投向旺季产品，如在空调旺季，整个工贸所有区域业务人员都挂空调指标，将空调任务完成情况作为其工资的否决项，而空调旺季一过，又将大量的资源抽调至其他旺季产品。于是，当一类产品处于淡季时，该产品经理想要从工贸得到广告、政策、人力等方面的支持很困难，导致淡季的市场基础工作薄弱，而失去了淡季市场基础工作的支撑，旺季总量提升就失去了依据，将可能面临“旺季不旺，淡季更淡”的危险。

上述问题是针对大产品线而言，对于一些小产品线（清洁电器、洗碗机等），即使处于旺季总量也会很小，对工贸任务总量的贡献可以说是杯水车薪，工贸不会主动去关心此类产品。所以，小产品线可能永远没有旺季，仅靠产品经理的微薄之力，难以使该产品得到长足发展。

（7）商流本部与产品本部的关系

两者作为独立的利润主体是一种结算关系：产品本部将产品销售至商流本部，商流本部再将产品销售至经销商，实现最终销售。商流本部为了利润会与产品本部谈条件，主推该产品线某个系列的产品，进而压低采购价格以提高商流自身的利润。在商流本部与产品本部的博弈中，产品本部处于劣势地位，商流本部会以不主推该产品线的产品来迫使产品本部就范，这就形成了内部损耗。另外，在处理客户遗留问题时，产品本部与商流本部都不愿负担这部分费用，待讨论后确定了这部分费用的最终承担者时，几个星期甚至一两个月的时间已经过去了，使客户的信心倍受打击。

（8）管理流程的效率分析

产品经理的职能定位一直比较模糊，从组织结构图上看，其隶属于工贸，但实际上同时听命于工贸与产品本部。产品经理如果与工贸关系协调不到位，工贸会从广告费用、政策等方面进行制约。如果与产品本部关系不协调，产品本部除了会降低在广告、政策方面的支持力度外，还会在新产品上市、样品机等方面进行限制。这实际上造成了对产品经理的双重指挥。由于商流本部与产品本部是两个独立的利润主体以及产品经理地位的特殊性，在管理流程上就存在管理环节过多、效率低下的情况。例如：

广告报审流程：如果广告费用由产品本部支付，产品经理要将广告文案先报工贸广告策划部批准，由工贸总经理复审。若同意，再将此文案传真至产品本部广告策划部，产品本部广策部同意后方可执行。而在业务流程重组前，分中心经理只需将文案传真至产品本部审批即可。

政策费用的报审流程：由产品本部承担的费用，也要先经工贸总经理批准后，再经产品本部部长批准，最后由商流本部部长批准。在这个链条中只要有一个环节的相关人员不在，该项审批就会停滞。

来源：《销售与市场》2003.5

HR集团的业务流程重组，在物流、资金流的整合上是比较成功的，商流的整合则存在较多问题。综合以上分析，我们可以得出多产品线企业的一般组织结构模式：

1. 将企业中不同产品的配送、仓储、采购等职能整合成物流部门，以达到规模经济、节省费用、提高效率等功能。

2. 整合各产品本部的财务组建资金流部门，使其不再隶属于各产品本部，派出分支机构至各产品本部和驻外分公司，对其财务运行状况进行监控，起到财务应有的闸口作用。

3. 在集团范围内成立整合营销传播部，驻外分公司设整合营销传播部的分支机构，职能包括：

通过竞标选择代理广告公司，集团整合营销部选择有中央级媒体代理权的广告公司，其分支机构选择有当地媒体代理权的广告公司。产品本部及其驻外分支机构通过上述广告公司进行广告发布，与整合营销部一起对广告公司服务质量进行跟踪，防止广告公司由一个部门控制的“暗箱”操作。

策划并执行集团形象及整体产品形象推介活动，如在重大节假日的统一活动。方案由各产品本部的广告部门负责人会签后执行，费用由各本部承担。

4. 从HR集团商流整合的效率及效果看，对多产品线企业的营销部门仍要保持其独立性，只需整合组建上述的整合营销传播部。此外，分中心经理下设产品代表，不设区域经理及代表，以提高执行力和管理效率。

随着多产品、多市场公司规模的扩大，公司常将其产品——市场管理集群转变为独立事业部，它们再分设自己的职能部门和服务部门，但随之而来的是哪些营销活动应留存在公司总部的问题。一些已经实行事业部制度的公司对此问题的回答也不尽相同，一般公司的营销人员组织有以下三个模式：

不设公司营销部门：一些公司不设公司一级的营销人员，他们觉得在公司一级营销人员没有什么用，因为各事业部都有自己的营销组织。

保持适度的营销组织：一些公司保持适度营销组织来执行一些职能如：

● 帮助最高层进行整体市场机会评价；

● 应事业部要求提供咨询帮助；

● 帮助没有或只有少数营销人员的事业部；

● 向公司的其它部门推广营销观念。

公司保留强大的营销部门：另一些公司则在公司一级保留强大的营销部门，除提供上述服务，还为各事业部提供下列专业化的服务：

● 广告服务：包括协调广告媒介的使用时间和品种，从广告品味和创意的角度审察部门的广告计划，对广告经费进行审计等；

● 促销服务：公司进行全面的促销，统一购买促销用品；

● 市场研究服务：运用先进的数理分析，从公司角度研究整体市场；

● 销售管理服务：对销售组织提供销售政策咨询，发展现存的销售报告系统，对销售人员进行管理等；

● 其它各种服务:营销计划咨询，营销人员的雇用和培训等。

但究竟哪些公司适合用哪种模式目前尚无定论，有的公司从开始就在公司一级设立强大的营销部门，而有的公司则致力于发展各事业部的营销部门；有的则减小公司级营销部门的规模和权限，有的干脆就不设公司级营销部门。

在公司演变的不同阶段，公司营销部门的贡献也是不同的。一般在公司创建初期，由于各事业部自身营销能力不强，大多数公司都设有强大的公司级营销部门，对各事业部提供各种服务和人员培训，而一些公司营销人员则会被聘到事业部担任营销部门经理。随着各事业部营销能力的不断增强，公司营销部门对它们所能提供的帮助也越来越小，以至于发展到最后有的公司干脆取消了营销部门。

公司营销人员有三个大作用，第一是可以充当全公司营销活动的中心人士；第二是可以为各部门提供集中的中心化服务，这些活动比单纯由各部门来组织要更为经济；第三是负责各事业部营销经理的培训及公司营销新观念的推广和实施。

二、如何向区域营销组织授权

地区分公司管理，为什么总是“一放就乱，一收就死”？究其原因，无外乎以下几种：

简单放权：

一放即乱，严重失控；

中高层管理人员乱来；

自作主张，我行我素；

为自己(或小团体)利益奔波；

决策分散，无统一战略；

对公司战略执行不起劲。

直接控制：

一统即死，效率不高；

中高层管理人员无积极性；

上有政策，下有对策；

总裁忙得团团转；

一人决策风险度加大。

营销组织建设与运行

如何做好组织调整

何时需要对营销组织进行调整，调整到什么程度？回答这个问题很不容易。不过，经验告诉我们，当企业出现了如下情形，似乎就要考虑进行组织调整和变革了。

- 营销组织内部出现混乱，很多事情缺乏协调。比如，凡是涉及多个业务单位的项目就经常得不到完成，各个业务单元责任不清楚，部门之间要么被孤立，要么不协调；
- 工作流程不当，或是业务流程过于烦琐，使组织内部充满冲突，各个部门之间产生了很多不必要的摩擦。高级管理者要花很多时间为下级部门之间的争议进行协调，当裁判员；
- 组织内部的很多人常常搞不清楚自己的职责范围和工作目标。部门之间要么职能重叠，一件事情很多人都可以管；要么就是任务不落实，没有人具体负责。由于组织内部角色不清楚，一件事的决策过程常常是非常繁琐、冗长且缺乏效率；
- 组织面对环境的变化、新的市场需求和产品的创新反应迟缓，不能及时作出必要的反应；
- 组织内部出现了很多凌驾于正常组织之上的非正式团体。

不同的组织形式对各岗位员工提出不同的要求，不但变革会对员工心态上产生影响，如果不能在短时间内找到合适的人来承担关键职责，组织变革就一定会失败。

旭日升的变革之痛

可口可乐是一个神话，旭日升也是一个神话。旭日升早期的高速成长丝毫不逊色于可口可乐，但可口可乐把故事延续了100多年，旭日升则已成了明日黄花。

据《中国经营报》报道，2001年，旭日升的市场份额迅速从最初的70%跌至30%，市场销售额也从高峰时的30亿元降到不足20亿元。2002年下半年，旭日升停止铺货。

神话的诞生

旭日升曾是全国知名品牌，据中国饮料行业协会统计，2000年旭日升总产量1036万吨，在中国饮料十强中排名第二，曾一度占据茶饮料70%以上的市场份额，被誉为中国茶饮料大王。高峰时期“旭日升冰茶的销售额达到30亿元”，其品牌价值一度达到惊人的160亿元。

这个神话诞生于河北冀州。1993年，冀州供销社成立了旭日集团，公司总裁段恒中在考察国内外饮料市场后大胆投入3000万元用于冰茶生产和上市，当年即获得几百万元回报。1995年，旭日升冰茶销量达到5000万元。

旭日升冰茶在生产技术上颇有特点：将国际流行的碳酸加工工艺与

茶饮料加工特点相揉合，把中国几千年的饮茶习俗与现代饮料加工技术相结合，采用易拉罐和PET包装，生产出具有流行时尚和传统风格的冰茶系列饮料。既保持了茶叶的天然色香味品质，又在茶饮料中充入碳酸气，这也是旭日升“冰茶”在世界饮料史上的独创。

旭日升市场初期的销售队伍大都是从冀州本部工厂临时选拔上来的，属于“子弟兵”，许多是初中生、高中生。在集团军事化管理及整体营销策略指引下，公司内部有一定的凝聚力，也能踏踏实实地做事。分销渠道以糖酒公司为主，一个地区一家经销商，基本是传统供销体系的延续，这种模式在企业创业时期起着很大作用。

到1995年，源源不断的订单让旭日升的管理层意识到已无法满足市场需求，便采取了“借鸡生蛋”的资本运营方式，利用租赁厂房或委托加工在全国开设了23家分公司。1996年，旭日升冰茶的销量骤然升至5亿元，开始了“冰茶神话”的旅程。到1998年，旭日升冰茶的销售额达到了30亿元。

临危变革

成功也引来了众多竞争对手，康师傅、统一和娃哈哈等茶饮料异军突起，市场迅速洗牌。此后，有关旭日升系列的负面消息又接踵而来：“旭日欠款5个亿，转移资产还是没钱还”，“债主不只一家‘茶饮料大王’旭日集团被指为欠债大王”……旭日升市场份额迅速丢失，到2001年年底，旭日升的市场份额从最初的70%迅速跌至30%，销售额也从高峰时的30亿元降到不足20亿元。

据一些媒体报道，为扭转局面，旭日升的管理层进行了变革：

首先是高层换血。旭日集团当时引进30多位博士、博士后和高级工程师，个个是战略管理、市场管理、品牌策划和产品研发方面的“少壮派”高手，其中集团的营销副总经理还曾在可口可乐中国公司任过销售主管。

其次，公司把1000多名原来一线的销售人员安排到生产部门，试图从平面管理向垂直管理转变。集团总部建立了物流、财务、技术三个垂直管理系统，直接对大区公司调控，各大区公司再对所属省公司垂直管理。

在公司架构方面，旭日集团也重新划分为五大事业部，包括饮料事业部、冰茶红酒事业部、茶叶事业部、资本经营事业部、纺织及其他事业部，实现多元化经营。

但相关的报道同时称，剧烈的调整也乱了公司的阵脚，一批新上任的领导与公司原领导层矛盾重重；1000多名原来工作在销售部门的业务人员调入生产部门，也打破了销售渠道的稳定性和持续性。变革并没能提升旭日升的竞争力，而积重难返的渠道更加速了它在市场上的败退。

大刀阔斧的变革并没有让产品的市场好转，相反组织内部先乱了。在“空降兵”进入集团并担任要职后，新老团队之间的隔阂日益加深。国外来的“洋领导”移植的成功模式在元老那里碰壁，元老们的经验之谈在新人那里触礁。由于公司最初没有明确股权认证，大家都不愿意自己的那份被低估，元老们心里想的是“当初我的贡献比你多”，而新人则认为“今天我的作用比你大”。人员的调整不仅关系到个人利益的重新分配，更重要的是，它关乎销售渠道的稳定性和持续性。于是各种矛盾不可避免地尖锐起来，企业出现了混乱。

自2001年，如日中天的旭日升开始明显地滑落。2002年下半年，旭日升停止铺货。一度风光无限的“旭日升”渐渐成为人们脑海中的一个回忆。

对于旭日升衰落的原因，一些知情人士认为，自2000年的企业内部“管理变革”是真正的要害所在。这好比是一个体质很差的病人，给他服用药力太猛的补药，他就有可能在病尚未恢复之时就丢了命。

二、如何化解部门冲突

冲突的种类

企业内部冲突既有横向冲突，也有纵向冲突。前者指内部其它部门与营销部门的冲突，而纵向冲突则出现在不同的层级之间，主要表现在总公司对分公司、或对分公司的营销部门之间的冲突。

其它部门经常反对在工作中一切以顾客利益为中心。正如营销部强调顾客满意这一点一样，其它部门也同样强调他们工作的重要性。显然，其间的冲突是不可避免的。

表3-4

部门	其它部门侧重点	营销部门侧重点
研究开发部	基础研究 内在品质 功能特点	应用研究 直观质量 销售特点
工程设计部	设计的前置时间长 较少型号 标准部件	设计前置时间短 较多型号 任意型号
采购部	产品线宽度 标准零件 原材料价格 经济采购量 间隔性采购	产品线宽度 非标准零件 原材料质量 以防止缺货的大批采购量 配合顾客需要随时采购
制造部门	生产的前置时间长 型号较小长期经营 型号不变 标准订货量 易制造 中度质量控制	前置时间短 型号较多短期经营 型号长变 随意订货量 外形美观 高度质量控制
财务部	支出严格合理化 刚性预算 订价能抵偿成本	直觉性支出 弹性预算 订价能进一步开发市场
会计部	标准交易方式 报告较少	特殊交易条件与折扣 报告较多

上表总结了营销部与各部门之间的主要矛盾，接下来主要讨论各部门所关注的主要问题。

1. 研究开发部

公司希望开发新产品，但常因研究开发部门和营销部门关系不好而失败。研究开发部门由科学技术人员构成，他们因科学的奇特性和超前性而骄傲，喜欢面临技术问题，而不关心眼前的销售利润，喜欢在较少监督或较少顾虑成本的情况下工作。而营销与销售部门由有商业头脑的人员组成，他们以对市场领域的了解为骄傲，喜欢看到能向顾客促销的有销售特色的新产品，他们有一种注意成本的紧迫感。市场营销人员把研究开发人员看作是不切实际的、知识分子味十足的、甚至不懂业务的科学狂人。相反，研究开发人员把市场营销人员看作是唯利是图的势利小人，认为他们对产品的销售特色比对技术性能更感兴趣。这些固有的看法，对生产的互相协调起阻碍作用。

结果，公司不是技术驱动型的就是市场驱动型或二者并重的。在技术驱动型的公司中，研发人员研究基本原理问题，寻求强大突破，力求产品尽善尽美。虽然他们会发现一种重要的新产品，但研究与开发的费用很高，新产品成功率较低。

在市场驱动型的公司里，研发人员为专业市场的需要而设计新产品，绝大多数是对产品的改进和现有技术的应用，新产品的成功率较高，但主要是改进生命周期较短的产品。

在技术、市场二者并重的公司中，营销部与研究开发部已形成有效的组织关系，它们共同负责进行卓有成效的市场导向革新。研发人员不仅负责发明，也负责有成功希望的革新。销售人员不只是注意新的销售特色，也协助研究人员寻找能满足需要的新途径。

研究开发与营销部门的合作，可采用下列几种简便易行的方式：

（1）联合主办研讨会，以便加强对对方工作目标、作风和问题的理解和尊重。

（2）每个新项目要同时派给研究开发人员和营销人员，他们将在整个项目执行过程中合作。同时，研究开发部与营销部应共同确定营销计划。

（3）与研究开发部门的合作要一直持续到推销时期，包括制定技术手册、合办贸易展览、售后调查，甚至做销售工作。

（4）产生的矛盾应由高层管理部门解决。在同一个公司中，研究开发部门与营销部门应同时向一个副总经理报告。

2. 工程部门

工程部门负责寻找实际的方法，以设计新产品与新的生产程序。工程师们较为关心技术质量的保证，成本费用节约以及生产的简便。如果营销人员希望生产几种配件，而不是标准配件以突出产品特色，工程师们便会与之发生冲突。他们认为营销人员只要求外观美，而不注重产品内在性能，是一群极易改变工作重心且夸夸其谈之辈，不值得加以信任。但在营销主管人员具有工程基础知识并能有效地与工程师们沟通的公司，一般不会出现上述问题。

3. 采购部门

采购主管负责以最低的成本买进质量数量都合适的原材料与零配件。通常他们的购买量大且种类较少，但营销经理通常会争取在一条生产线上推出几种型号的产品，这就需要采购小量而品种多的原材料及配件，而不需要量大而种类少的配件。他们认为营销部门对原料及其零配件的质量要求过高，尤其是当营销部门的预测发生错误时更为突出。这迫使他们不得不以较高的价格购进原材料，有时还会造成库存过多而积压的现象。

4. 制造部门

制造部门与营销部门之间存在几种潜在矛盾。生产人员负责工厂的正常运转，以达到用合适的成本在合适的时间内生产合适数量产品的目的。他们成天忙于处理机器故障、原料缺乏、劳资纠纷及怠工等问题。他们认为，营销人员在不了解工厂的经济情况及策略的前提下，却埋怨工厂生产能力不足、生产拖延，质量控制不严，售后服务不佳等等。而且，还经常作出不正确的销售预测，推荐难于制造的产品，答应给顾客过多不合理的服务项目。

营销人员确实看不到工厂的困难，而只注意顾客提出的问题。例如，顾客希望很快拿到货物，不希望收到不合格的商品，得不到工厂的及时周到的服务等。他们很少注意，多为一位顾客服务，会加大工厂的成本。这不仅是两个部门间沟通不好的问题，而且是与实际利益冲突的问题。

公司可采用不同的方法来解决这些问题。在生产导向型的公司里，人们做的任何一件事情都是为了保证生产顺利进行，降低成本。这种公司倾向于生产简单的产品，希望生产线窄一些，而生产批量大一些。需要加速生产来配合促销活动的情况几乎没有，顾客在遇到延期交货时不得不耐心等待。

另一些公司是市场导向型的。这种公司想尽一切办法来满足顾客需要。例如在一家大型的化妆品公司里，只要营销人员一声令下，要求生产什么东西，生产人员就立即行动，而不考虑加班费用，短期生产效应等。结果造成生产成本高昂而且成本不固定，产品质量也欠稳定等问题。

公司应逐渐向生产导向与市场导向并重的方向发展。在这种并重的公司里，制造部门与营销部门可以共同确定公司追求的最佳利益。解决办法包括召开联合研讨会，以了解双方的观点；设置联合委员会和联络人员，制定人员交流计划，以及采用分析方法以确定最有利的行动方案等。

公司的盈利能力很大程度上取决于营销部门与制造部门之间协调的关系。营销人员必须具备较好地了解制造部门的能力。如果公司想通过降低生产成本来取胜，那就需要一种生产策略；如果公司想依靠质优、品种多或优质服务取胜，就需要 3 类不同的生产策略。所以，生产的设计和生产能力的判断依据是由已规划好的产量、成本、质量、品种和服务组成的营销战略目标来决定的。

制造部门可以是成品的营销工具。当购买者去工厂了解生产管理质量状况时，生产人员和工厂部门无疑成了重要的营销工具。

5. 财务部门

财务主管人员以能评估不同业务活动的盈利能力而骄傲，但每当涉及到营销经费时就不得不喊“头痛”。营销主管在要求大量预算用于宣传、促销活动和推销人员的开支的同时却不能具体说明这些花费能带来多少销售利润。财务主管怀疑营销人员所作的预测是自己随意编制的，并没有真正考虑经费与销售利润的关系以使预算投向获利更多的领域。他们认为，营销人员急于大幅度削价是为了获得订单而不是真正为了盈利。

同时，营销主管则认为，财务人员控制资金太紧，拒绝把资金投入长期的潜在市场开发中，他们把所有的营销经费看作是一种浪费，而不是投资。财务人员过于保守，不愿冒风险，从而使许多好的机遇失之交臂。解决这个问题的办法是加强对营销人员的财务训练,同时加强对财务人员的营销训练。财务主管人员要运用财务工具和理论支持对全局有影响的营销工作。

6. 会计部门

会计人员认为营销人员不能准时制作销售报表。尤其不喜欢销售人员与顾客达成的特殊交易，因为这些交易需要特殊的会计手续。反之，营销人员则不喜欢会计人员把固定成本分摊到不同品牌上去。品牌经理认为，他们主管的品牌比预期的更能盈利，但问题在于分摊给产品的间接费用太多而使得品牌利润率降低。他们希望会计部门能编制按渠道、区域、订货规模等各不相同的利润和销售额报表。

冲突产生的原因

- 目标不一致；
- 不同部门的人员在认知模式和情感导向上存在明显差异；
- 不同部门完成任务时互相依赖越强越会产生冲突；
- 资源稀缺；
- 相关部门之间存在权利的分配时，如市场部和销售部之间，研发部和市场部之间都会在交叉业务的权利分配上发生冲突；
- 当环境迅速变化时或者出现不容易理解的问题时，各部门就可能重新磋商各自的任务。各部门的责任和权限边界变得不清晰。某些成员可能要承担更多的责任，结果使其它部门感觉受到了侵犯；

● 薪酬系统如果与部门内的目标和个人目标挂钩，会更易发生冲突，而着重整个组织和跨部门目标的薪酬系统则有利于降低冲突。

降低冲突的办法

1、高层管理者为解决和压制冲突而行使规章制度和合法职权。

2、成立整合机构，包括成立跨职能的团队、临时的任务组、跨部门的委员会、项目经理、产品经理、品牌经理等。必要时指定专人负责理解各团队的问题所在，在进行必要沟通的基础上以双方的共同目标为基础，提出双方可以共同接受的解决方案。

3、对话和谈判。

4、聘请外部专家。外部专家有助于重建部门间遭到破坏的沟通渠道，扮演解释者的角色，保证部门之间的信息被正确理解，而不被偏见扭曲。有利于消除消极情绪，建立和培养合作的态度。

5、成员轮岗。在临时和永久的基础上的成员轮岗有利于价值观、态度、问题和目标在部门间的相互渗透，获取坦率、准确的观点和信息交流，但见效较慢。

6、企业文化的建设非常重要，通过企业文化来强化共同使命和企业远景。

7、部门之间的培训。

二、中小企业如何逐步完善营销组织

中小企业，尤其是民营企业，在创业初期往往是一种松散结构（如作坊式的经营），没有规范管理，靠着领导拚命和随机处理也取得了成功，甚至是不小的成功。管理基础薄弱几乎是所有中小企业的通病。随着企业的发展，中小企业首先会遇到领导危机和秩序危机。正是由于意识到管理薄弱或者管理水平低感觉到强烈的危机，企业领导有时又会提出一些不切实际的管理目标和手段，如套模式、套体系，结果越涂越黑，越管越乱。科学的管理体系是在管理创新的过程中逐步形成的，企业管理的能力是在管理实践中锻炼出来的，管理团队和管理人才是在总结管理经验基础上打造出来的。特别需要指出的是，管理改进是一个循序渐进的过程。建设适合企业发展战略的组织结构是克服企业成长过程中危机的唯一办法。

中小企业在发展过程中，往往会遇到三个层次的管理瓶颈：

最直接、表象的瓶颈——人力资源短缺

中小企业在用人时，往往有股“狠劲”，一般不会出现人浮于事的局面，但却经常在快速的发展过程中，在一次次上台阶、上规模，实现更高数量级的飞跃时发现人力资源短缺。人力资源成为公司发展的短板，制约了“企业木桶”水平线的提高。这种情况，多半会刺激企业大力招募外部人才，同时也大力培养内部人才。但由于人才，特别是适合于特定企业使用的人才其贡献比投入滞后，其需求比其供给稀缺。人才经常流失，致使企业总处于人力资源短缺的现状。

最根本、复杂的瓶颈——规范管理体系

中小企业的管理体系很不规范。决策随意性极强，企业内家族成员遍布。部门设置缺乏科学制衡，却不乏处处制肘之事。岗位编制比例往往超强度配置，一人当作两个人用，员工根本没有时间学习和上进。管理体系立意不高、气魄不大，不能吸引来人才，不能培养出人才，不能挽留住人才，也不能任用好人才，实际上这是人力资源短缺的根本原因。随着企业快速发展，必须对原有管理体系做全面更新，以符合新的战略发展需要。不仅要从根本上渐进地解决人力资源问题，而且要解决发展机制、分支机构、业务战略等问题。然而要建设规范管理体系又会遇到两个最大问题。首先就是企业最高决策人员思想观念的障碍，他们受不得规范管理体系约束；其次就是规范管理体系的建设对眼前业务发展的影响。很多企业保守派往往以妨碍业务开展为借口反对管理体系建设。在“业务为王”的中小企业总是成功，而且屡试不爽，成为规范管理体系不能建立起来的最大障碍。

最容易忽视且关键的瓶颈——职能管理

由于创业的艰辛和多年市场磨练，中小企业往往“重武轻文”，高度重视业务管理和业务开拓方面的投入。由于职能管理的经济效果很难直接体现，对职能管理———战略、人力资源、资本运作等领域不够重视，致使职能管理成为管理体系的薄弱环节，影响企业进一步开疆拓土、冲锋陷阵，变成“能攻不能守”、“后方空虚”、“支撑乏力”、“粗放式经营”的局面。一些中小企业虽然认识到需要加强职能管理，但一不知道方法，只知道套模式；二不尊重科学规律，一味急功近利。一旦模式套用失败，不能达成近期效果，就怀疑起职能管理的功效。领导减少关注，企业减少投入，使企业的职能管理沦为“打杂”、“装饰”的地位，成为中小企业不能实现管理“质”的飞跃的根本原因。

第四章
营销管理信息系统
——投资支持高效业务流程的技术平台

IT为战略而生

现代资讯极其发达，从事营销工作的人员也聪明且勤奋，因此任何一种营销模式和管理方法只要出现在市场上就无保密可言。但是不同企业和不同人用同样的方法做事，效果却大相径庭。为什么？

戴尔把他快速定制的直销模式写成书，广为传播，不少企业效法模仿，但是没有一个能够超过戴尔。为什么？

有的企业构建了规范化的组织体系、明确了工作角色和职责、提炼了关键业务流程，但在实际运行时仍然会出现职责不明、缺乏沟通、流程推动不力、工作标准模糊等影响执行效果的问题。为什么？

其原因就在于：我国企业缺乏将工作职责和业务流程转化为管理体系的技能和工具。俗话说，工欲善其事，必先利其器。只有为营销目标和计划提供充足的资源，每一名员工都有足够的信息为自己的目标制定行动方案，目标才不是一个空泛的目标，才有可能使每一名员工具备实现这个目标的能力，领导也才有量化的根据对员工进行考核。而这就需要整个企业管理系统的支持，以及必要的工具准备。

国内的很多企业在学习GE，他们在寻找GE的成功因素，并且归纳了很多。但是他们始终忽略了一点，那就是GE拥有一套非常完善并且高效的执行工具系统。

在GE，人们建立起了一些非常高效的执行工具。如，QMI（快速市

场信息），主要用于检测计划实施进度和让企业各部门分享其他部门信息的工具；Work-out（群策群力），是GE内注重变革、去除官僚、解决跨部门和跨地区问题的工具；6Sigma（六西格玛）则作为GE的重要管理语言，从客户的需求出发、提升生产力、提高产品质量、降低成本的工具。

这些执行工具在GE的企业执行文化建立的过程中，在解决跨部门、跨地区和跨事业部的问题时起到了至关重要的作用。

当我们在谈论执行力的时候，很多人会想到人员素质、领导、沟通等问题，但很少会有人认为各种管理工具、信息系统会影响到执行效果。

当提到IT系统的时候，很多人会认为那是IT部门的事，对企业日常的经营业务并没有太大影响。

事实上，营销管理体系的核心就是制度体系。企业应根据整体营销计划和关键业务的要求制定出系统的关键营销管理制度，通过严格的规范来明确业务运作过程中的工作标准，并对工作结果进行有效评估，从而保障营销计划和关键业务的正确执行。

IT系统的实施使前面提到的这些标准和制度落到实处，同时为企业管理提供工具：

一方面，IT工具可以使得领导、各部门及时了解基层的市场信息，确保执行团队找出企业的问题，特别是一些跨部门的问题，并且赋予执行团队切实有效的方法来找到解决问题的答案，企业对市场的反应自然迅速、准确。

另一方面，也是最重要的，这些工具保证了这个过程中团队的成员能非常坦诚地进行交流和沟通。也相当于是对基层员工的一种约束监督机制。工作态度、质量都会比原来有所提高，执行力自然就加强了。

如果一个企业能够建立起这样的执行工具就可以让它的员工按统一的方式来处理工作中出现的问题，就可以做到用统一的语言来进行沟通，做到“上（级）下（级）一致，前（端）后（端）一致”，而不至于“你讲你的，我做我的”。

系统的设置应注重细节

案例分享

百货业的发展在美国是个十分成熟的产业。按照传统观点，那应该是无利可图的产业。但沃尔玛的创始人山姆•沃顿开始从农村包围城市，一点一滴的拉大和竞争者之间的差距。例如只是偷窃损失沃尔玛就比竞争者少了一个百分点，这样的成果和3%的净利润相比真是可观，而这就是执行力的具体表现。除此之外，沃尔玛还利用集中发货仓库，每天都提供低价商品，还有全国卫星连网的管理信息系统等等。沃尔玛以这些看似平淡无奇的管理手法，最终成为世界500强之首。在过去四十年中，没有任何公司能成功的模仿沃尔玛，成功之道无他，唯执行力而已。

营销管理，重在细节。就是由于在很多看起来渺小的小事上做得比竞争对手好，积累成自身的竞争优势。很难想象，对于沃尔玛这样规模的企业，没有一个上下贯通、高速高效、反应灵敏、知识共享的信息系统，如何进行现代化和国际化的管理。

一个好的信息系统，其功能可以组合成不同的业务处理流程，以适应不同业务模式上的变化，形成对管理模式与管理流程的有效支撑。这也是企业提升管理水平、强化执行力的必由之路。它可以有效保证：

从传统面向职能管理转变为面向流程管理

将业务的审核与决策点定位于业务流程执行的地方，缩短信息沟通的渠道和时间，才能提高对顾客和市场的反应速度。才能真正赢得市场，从而赢得发展战略的实现。

尽可能实现最大化增值

减少无效的或不增值的活动，实现整体流程全局最优（而不是局部最优）的目标，消除本位主义和利益分散主义，才能保持有效工作并保持集团优势。

建立“扁平化”的新型组织

降低管理费用和成本更重要的是要提高组织的运转效率及对市场的反应速度。提高业务处理流程上的人员素质与团队合作精神，同时构建具有自我学习机制的有机组织，这样才能发挥出规模效应，避免随着规模扩大，运作效率与效益反而降低的结果发生。

建立科学的管理模式

为了贯彻和落实集团公司高层领导的战略意图和先进的管理理念，将有企业特色的管理经验固化为具体的工作规范和流程，同时充分吸收国外先进的管理思想和管理成果，且有绩效考核指标体系作保证。

从以上的分析来看，如果有一个完善的决策支持系统能够及时、准确的将销售、回款、竞争对手等的一些情况反应给决策者，领导者犯错误的机会将会大大降低。

充分利用现代化的计算机技术、网络技术

运用先进的、有效的计算机管理系统等手段，建立整体企业信息规划。只有这样，才能实现对管理模式及优化后的管理流程的有效支撑与集成。

三、系统提高执行的效率

案例分享

戴尔自1998年正式进入中国，从当初只有2亿多元的营业额到2003年超出200亿元，费时不过5年。咄咄逼人之势使得国内市场上一些电脑厂商纷纷放弃了“戴尔水土不服”的期待，转而或多或少地显现出“戴尔焦虑症”的表征。

面对戴尔在中国市场遵纪守法的攻城略地局面，与其干着急不如探究一下戴尔带来了些什么。兴许还能从中找到“收复失地”的良方。

1、戴尔直接经营模式的价值

与客户的直接沟通——确保戴尔能够了解客户的实际需求，并按需定制产品，确保获得来自客户的第一手反馈信息，并迅速做出改进。

产品的直接递送——产品直接从工厂送到客户手中，确保原装正版的戴尔品质。同时，流通环节中不必要的步骤消除了，这有利于为客户节省成本。

与供应商直接合作——与全球最优秀的第三方供应商进行合作，向客户提供业内最新的技术和最佳的产品；保持平均4天的库存周期，降低库存成本，并将省下的成本直接返还给客户。

2、难以企及的目标与不容商量的数字

2003年初，公司发布2003财务收入354亿美元时也公然宣布要在2006年到达600亿美元的规模。增长速度是市场平均增长率的3倍。对于其他企业来说，这几乎是不可思议的，但在“志在必胜”的戴尔企业文化氛围中，却是可以理解，而且志在必得的。

戴尔的这种带有很强执行色彩的企业文化也建立了其独特的检查汇报方式。

戴尔公司中国区总裁符标榜在位于厦门的戴尔中国客户中心接受记者采访时神闲气定。前一天，他同中国区的主管们与亚太区总部的老板刚刚开了一天的会——这样的会每季度开一回。

“我向我老板汇报不用准备任何报告，他每天都可以通过数据看到我的某个产品或某个市场做得好不好。”符标榜说，“他也知道他定下的事情我做到什么程度，会在什么时间做完。”

用数字说话而不是用报告来汇报这可能是戴尔与众不同之处。用报告来汇报的一个很大的好处是，好的地方可以多写，差的地方可以少些或者不写，因为老板只是在听取汇报。你说什么，他就听什么。但这种做法在戴尔就行不通了。

“他知道的和我一样多。我要做的准备就是跟他讲哪里为什么做得不好，哪里为什么做得好。”在戴尔，看报表的一个传统是，只关心报表中的最低数字。

每逢周一，符标榜要做的第一件事就是翻看厚达100多页的上周销售报表。这些对常人而言异常枯燥乏味的数字，他却看得津津有味。而且他还必须在一天之内消化掉上周的报表，马上确定新的销售计划。

戴尔也许是业内最讲究利润的公司。在符标榜看来，国内很多公司的一个弊病就是只谈自己增长了多少，而不愿提及自己是否真的赚了钱。“公司必须要保持一个合理的利润。企业的一切经营都要变成健康的增长。只有健康的增长才能增长得持久。”正因为对利润的“狂热”追求，戴尔才会对利润和亏损的管理看得比其它任何企业都重要得多。

在戴尔内部，这部分的管理工作要求每个营业单位都要提出详细的损益表。事实和数据在管理复杂业务方面具有非凡的价值。这对不断壮大成熟的戴尔公司而言，已成为根深蒂固的意识。而关注数据和损益表，可说是戴尔进行所有事情的核心。

这种精于计算的特征同样表现在戴尔的组织关系中。戴尔公司内的决策层和执行层之间已经形成一种同样的“量化关系”。这种关系使两者的沟通变得更为直接：决策者是流程的控制者，执行者则用最短的路径实现业务目标，但前提是执行者必须按照每个业务环节的标准进行。“流程最终是靠人的行为实现的。每个细节都变得标准，这样戴尔就可以对流程中的故障自我诊断，管理者可以对业务运转中不恰当的地方及早做出适当的决定。”符标榜向记者解释了戴尔内部运作的一个基本流程。

——摘自《中国计算机报》，谁看懂了戴尔：“执行力”的看重造就了成功。

在上面的例子中，如果认为戴尔的成功只是因为它的直销模式，未免肤浅。在诸多保证戴尔成功的因素中，具有一套覆盖从产品设计、零件采购、订单处理到广告投放、客户反馈等各个经营环节的信息系统，这是最重要的原因之一。可以说，这是戴尔经营模式的支柱。

这套系统建立了一个以数据为核心的平台，支持根据每个客户每笔订单的不同需求进行生产，支持以更低的成本提供更快的服务。当其他企业都是通过经销商通路销售产品，戴尔却透过网络与直接销售（DM）直接卖给顾客，使得企业在做决策和评估时都有准确的数据为依据。这套系统贯穿了整个供应链，从第一线消费者需求一直到上游的零配件采购。

也正是因为这套系统，企业内部的所有沟通都是以数字为依据，从而形成了戴尔公司朴实无华的务实风格。同时，正是因为这套系统，执行的效率得到了极大地提高，速度更快，成本更低，实战性更强。反映到它的销售培训上，也是实战性极强的。

在戴尔，所有新员工正式上岗后，企业并不会马上让他挑起大梁，而是安排一位老员工在工作甚至生活方面对其进行指导。这一做法在戴尔内部称为“导师（Mental）制”。这位导师会教新员工如何跟客户打电话，如何见客户，合同应该如何去做，甚至一些生活上的琐事新员工都会得到导师无微不至的帮助。通常两个星期后新上岗的销售人员就已经对所有业务轻车熟路了。

与其他知名企业动辄选择豪华宾馆、度假胜地进行培训不同的是，戴尔的培训更多的是在实战中进行。其论据是“成人的学习，70%是通过工作上的亲历亲为获得，20%通过观察，10%通过听课培训。”所以没必要花钱去做华而不实的培训。

⊖ 用系统打造服务差异化

1994年之前，美国航空公司的订票服务主要通过免费电话进行。但在电话定票发挥巨大作用的同时，时任该公司负责监督电脑订票系统业务的通路规划主任JohnSamuel无意中注意到公司的网站上只有公司年报一项内容。显然，公司的网站远远没有发挥应有的作用。

JohnSamuel设想如果可以吸引这些订票者通过网络来查询航班、票价以及进行行程规划将可以为公司省下一大笔费用。而公司拿出一小部分资金用于网络系统的建设，让乘客得以在网上预订行程，实际的回收将远超开支。他还进一步想到，如果可与经常搭机的老主顾建立更加紧密的关系，在航空业越来越激烈的竞争中，公司才可以站稳自己的脚跟。

这一设想在1995年初开始变为现实。美国航空公司的调查发现，近九成的乘客会在办公室里使用电脑，近七成的乘客家中有电脑，这直接导致了以JohnSamuel为首的六人网络小组的成立。这个小组主要掌管公司的电子交易业务。他们首先改造了公司的网站，将其定位为以传播资讯为主。经营到10月时，美国航空公司已经成为第一家在网上提供航班资讯、飞机起降信息、航班行程变更、登机门等诸多资讯的航空公司，甚至连可不可以带狗上机这样的问题也可以上网查到。他们提供的资讯准确，快捷，有些更是每隔30秒更新一次，极大地方便了乘客。

如果说这一切还都是对于网络的简单应用的话，那么接下来美国航空公司对于自己老主顾的关注则加入了电子商务的内容。通过对常客进行调查，美国航空公司发现，有七成以上的公司A级会员愿意以电子化方式进行交易。他们非常在意能否自由地安排旅行计划，甚至希望随时取消原定的行程与班机。于是，美国航空公司在1996年推出了一项新的服务——每周三定期发电子邮件给愿意接收的会员订户，提供“本周特惠”促销活动服务。这一服务推出一个月内就发展到两万名订户。一年内订户就突破了77万人。虽然后来其它航空公司也群起仿效，但美国航空公司始终都是领先者。同年，美国航空公司为A级会员特别开设了网络订票系统，使他们可以直接上网查询特价班次与订机位，这再次带动了A级会员人数的激增。后来，美国航空公司又开设了新的互动服务，使A级会员可以直接上网订票或更改订位，然后公司就将机票寄给订户。到了秋天，订户已经可以在飞机起飞前临时更改订位，无需到换票中心换票。

不过，公司不久即发现，通过网络订票的乘客远比通过传统方式订票并拿到机票的乘客需要更多的保障，因为大多数乘客对于最后能否拿到机票仍不放心。因此，每当乘客订位或更动订位时，美国航空公司就会主动寄发一封确认电子邮件，以让乘客安心。通过这一系列手段，美国航空公司1997年网上订票的收入比年度计划高出98%。

到了1998年6月，美国航空公司又发布了新网站。新网站改善了浏览界面，功能更加强大。乘客甚至可以提出类似“从我住处所在机场到有海滩的地方票价低于500美元的班次有哪些”这样的查询条件。新网站最大的改善是依靠会员资料库中会员的个人资料，向A级会员提供更加个人化的服务。如果乘客将自己对于座位位置的偏好和餐饮习惯等列入了个人基本资料，就可享受到公司提供的各种体贴入微的服务。美国航空公司甚至还记录下乘客的各张信用卡，乘客下次使用信用卡时，将不用再麻烦地输入卡号。

再后来，美国航空公司推出了电子机票的服务，真正实现了无纸化操作；开始整合各种渠道的订票业务，使乘客通过网站、电话和旅行社都可以实现订票；对于乘客的电子邮件开始进行个人化的回复，优先处理A级用户的邮件，同时正在建设更加全面的个性化的自动化回信系统，以处理大量的电子邮件；让乘客自行设立兑换里程的条件，获得自己想要得到的奖励；更为周到的是，美国航空公司正拟发行A级会员智能卡，使乘客订票、预订客房和租车等都可以用一张卡支付，免去乘客记各种卡的卡号与密码之苦。美国航空公司在短短的四五年时间里，牢牢占据着航空业界电子商务领先者的位置，成功的客户关系管理可谓劳苦功高。

——摘自《eNets》：CRM的成功实践：浅析美航电商案例

美国航空公司的成功得益于其敏锐地利用了高速发展的网络与计算机技术这一工具。在客户关系管理上，该公司注意掌握乘客的背景资料，为他们提供量身定作的服务。特别是该公司对于众多A级会员提供的诸多方便，不但保留住了大批常客，还吸引了大量的新乘客加入会员行列。

可以说，美国航空公司成功的关键在于锁定了正确的目标乘客群，让乘客拥有愉快的消费经验与感受，敢于让乘客自助，同时协助乘客完成他们的各种交易操作。方便的沟通方式，快捷的处理过程，亲切的服务体验，这一切为美国航空公司带来了忠实和稳定的客户群。难以想象，如果没有一套基于互联网的客户关系管理系统，企业怎样与如此众多的客户进行沟通，怎样建立起对客户的了解，怎样为其提供个性化服务。

诚然，电子商务发展到今天，许多企业都开始利用网络发布各种信息，但要想达到美国航空公司在管理客户关系方面的先进程度，无疑相差甚远。

建设属于你自己的信息系统

从企业管理的全局看IT

管理信息系统的内涵

这里所指的管理信息系统不仅包括企业内部各种数据的收集、传输、加工、储存、更新、维护和管理，更重要的是，它是以企业战略竞优、提高效益和效率为目的，体现企业运作、管理和控制的各项流程、规定和制度，并能够建立正确的数据，经过加工处理编制成各种信息资料及时地为制定计划、绩效考核、执行监控等提供数字依据，从而支持企业战略目标的实现。

一方面，完善、简洁是衡量运作管理系统效率的两个主要指标。其中完善是指企业的运作管理系统全面、系统、控制力强且可操作程度高。简洁则是指管理系统的环节少、速度快，并且容易接受和理解。

另一方面，快速、精确和全面是衡量信息管理系统的主要指标，并且信息系统必须具备能够持续工作的特点。

然而，在现实的工作中，既完善又简洁的管理系统的确很难获得。通常的情况是优秀中小企业的运作流程简洁但是不完善，而优秀大型企业的运作流程完善却又不简洁。例如，按照某跨国企业的流程，其每一项促销活动都需要至少13个人签字确认后才能够执行。

管理系统与战略的关系

企业的发展和战略实施需要完善的制度作为保证，而实际上各项制度又是企业精神和战略思想的具体体现，两者是互相影响、互相依赖的。所以，在战略实施过程中，应制定与战略思想相一致的制度体系。要防止制度的不配套、不协调，更要避免背离战略的制度出现。

如在具有创新精神的3M公司，一个人只要参加新产品创新事业的开发工作，他在公司里的职位和薪酬自然会随着产品的成绩而改变。即使开始他只是一个生产一线的工程师，产品一旦打入市场就可以提升为产品工程师。如果产品的年销售额达到五百万美元，他就可以成为产品线经理。这种制度极大地激发了员工创新的积极性，促进了企业发展。

国内的企业有个非常有意思的现象，当一个企业出现问题时，人们往往喜欢在企业文化上找问题。但是又发现即使找到了问题所在，想要扭转企业文化是非常困难的。其实文化首先是个结果，然后才是手段。执行文化更是如此。

企业经营需要许多资源，各种资源的重要性并不一样。哪些资源是核心资源?麦肯锡的专家们认为，那些难以复制并能够为企业带来竞争优势的有形或无形资产，包括基础设施、知识产权、销售网络、品牌和信誉以及客户信息等，是创造竞争优势的关键资源。

（1）销售网络。一个企业可以利用其销售网络的规模，增加其现有产品及服务的销售或减少推出新产品的成本。例如，吉列公司1996年末花费70亿美元买下电池生产商Duracell。其主要动机就是销售方面的关联性。吉列的剃须刀片在超级市场和便利店的销售网络是无与伦比的，而电池也同样在这些店铺销售。面对如此巨大的市场机遇，在购并消息发布后的2天之内，投资者就对公司的联合资产追加了41亿美元的投资。吉列通过此举可以将Duracell推向世界，助其发展。

（2）品牌及信誉。过硬的品牌有助于新产品的推出却并不影响现有产品的声誉。吉列正利用其品牌进入男士化妆品市场。吉列男士系列包括润肤水，剃须膏，除臭剂以及剃须刀和刀片。自1990年推出以来，吉列男士感应剃须刀仅1997年销售额就达29亿美元，在全球拥有6000多万用户。

（3）客户信息。拥有各类不同客户的详细信息对扩大销售是十分重要的。其中一些最有价值的信息包括客户的购买习惯和需求。日本Seven-Eleven的销售点信息系统帮助公司确保每一位步入商店的顾客都有一个正确的产品组成。该系统试图从每一笔销售中获取一定的数据，包括购买时间、客户的性别及估计年龄。这些信息每天从商店的计算机终端下载到总部，在那儿进行销售趋势的分析。

上述的企业核心能力中，销售网络和客户信息的管理都离不开信息系统的应用。

信息化建设的五项基本原则

按照整体的企业经营战略，为实现经营管理目标，信息化建设通常应遵循以下原则：

一致性

实现整个公司范围内统一的信息架构，覆盖集团公司、公司总部、分公司和专业公司等各级管理层次，从规划、标准制定、管理方式等各方面保证一致。

适用性

网络通讯的建设与应用系统的建设相配合，做到最合理地设计、利用和分配资源，使网络建设满足信息共享的需要。

应用性

在应用系统的选择和设计时，必须从明晰业务操作的实际需要出发，了解用户对应用系统的使用要求。务必做到平稳的系统实施与应用，使系统能真正地服务于业务需要。

先进性

从信息技术平台建设、应用系统、网络通讯技术、安全管理到信息管理的各个领域，保证选用适合企业发展需要的先进技术。

标准化

对于信息规划中的技术运用和标准选择，应尽可能地选择与国内和国际相关领域标准相符合或兼容的技术和标准，以确保系统的稳定与扩展。

事实上，营销管理制度也好，信息管理系统也好，其在企业内部的推行不能事无巨细，一定要围绕关键业务来建立。

二　几种信息管理系统的简要介绍

一说到IT系统，就是很多的名词、英文缩写，其内涵不易一目了然。目前被国内企业普遍采用的应用系统包括：企业资源计划系统(ERP)、客户关系管理系统（CRM）、供应链管理系统（SCM）、办公自动化 / 工作流管理系统（OA / WFM）、企业信息门户 / 知识共享平台（EIP）、数据仓库 / 决策支持系统（DW / DSS）等。从企业信息系统的整体架构上，可以用下图来表示：

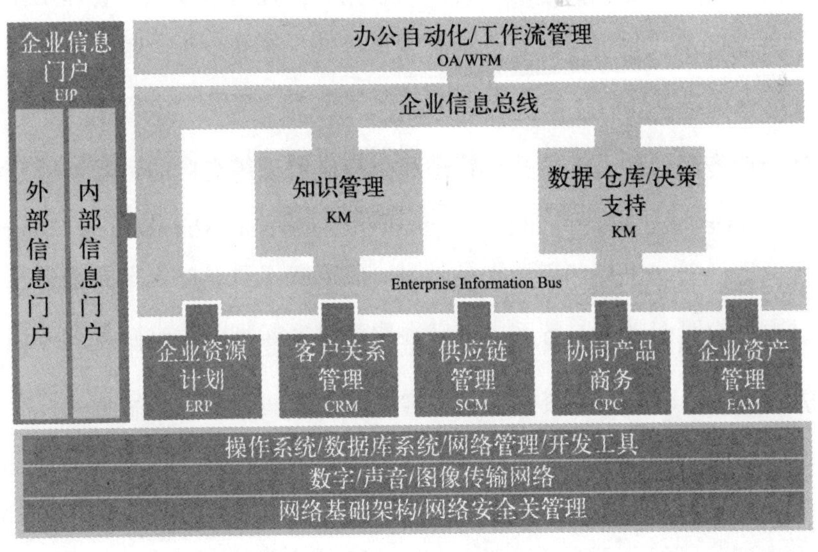

图4-1

图4-1就各系统的主要功能，简要介绍如下：

企业信息门户（Enterprise Information Portal）

企业信息门户就其服务的对象与内容可被分为公司外部网站和公司内部网站。公司外部网站服务对象主要为社会公众、企业现有客户、战略和管理合作伙伴、企业潜在客户与同行业者。其服务的内容主要为集团公司介绍、集团公司新闻、行业信息、管理建设成果、相关政策法规、产品知识介绍、客户服务、人才招聘以及其它行业外信息的提供。外部信息网站对于集团公司统一和提高品牌形象、组建有效的对外沟通渠道、提高客户满意度和协助寻求商业伙伴等方面起到积极的作用。

公司内部网站的服务对象主要为公司内部员工、现有客户和商业合作伙伴。服务的内容除了与公司外部网站共享的部分外，其主要的目的是作为公司内部知识共享的平台，为收集和整理行业知识、管理工作经验、产品知识、员工技能等提供共享和查询。除此之外，可以为客户与商业合作伙伴提供信息查询和交流渠道。

包括企业资源计划、客户关系管理和供应链管理等在内的运营管理系统（Enterprise Resource Planning / Customer Relationship Management / Supply Chain Management）

信息化建设的主要目标之一就是利用信息技术提高企业的运作效率和管理水平。包括企业资源计划、客户关系管理、协同产品商务、资产管理等在内的运营管理系统对企业集团在营销、财务、物流、人事、研发、生产制造、设备维护管理、备品备件管理、工作分派、客户服务等方面起到了节约人力成本、规范操作流程、合理分配资源和提高客户满意度等作用。

知识管理、决策支持和数据仓库（Knowledge Mangement/Data Warehousing / Decision Support System）

将提高工作效率作为企业信息化建设的基本目标，同时如何在此基础上整合和利用已有信息资源，进一步提高信息的使用效率，是可以通过利用企业级的知识管理、管理决策支持和数据仓库技术得到解决的。

利用企业级的知识管理手段，统一收集和整理集团公司内的工作管理经验、专业知识、员工技能，并按内容、等级化分，建立主题社区和关心话题，使集团公司员工积极参与到社区建设中来。完善的知识管理体系有助于鼓励创新、加快作业与学习速度、降低成本、提高企业的形象和商誉。

决策支持和数据仓库技术收集、保存有价值的企业管理运作数据，通过在线分析和数据挖掘进行数据细分和模型分析，预测发展趋势，为决策制定提供可靠的依据。

办公自动化与工作流管理（Office Automation / Workflow Manage ment）

作为企业运作日常所需的沟通和信息传输机制，在企业集团邮件传输、文件传递、实现无纸化办公、提高员工信息应用基础水平起到重要作用。同时，配合工作流程的管理，通过流程定义和规则设置、规范作业方式减少工作失误。

企业信息总线（Enterprise Information Bus）

随着信息化建设的日趋全面和成熟，企业面对的信息系统的类型也逐步增多。同时为了满足现代化的企业级信息管理，对各信息系统的整合要求也越来越高。传统的对等式连接方式在目前趋势下逐渐显现出其系统间缺乏统一集成标准、系统集成的高难度、投入巨大且收效低微等缺点。

企业信息总线的技术为各系统提供相应的插件、合适配器、翻译和检验各系统间交流的数据，并从传统的应用系统层集成扩展到网络通信集成和客户化程序的集成。从而解决了为实现多种系统集成而需要多个不同中间件所产生的额外投入与工作，以一种解决方案实现了多种系统的高度集成。

系统基础架构（Infrastructure）

为保证应用系统的正常运行、异地数据交换以及对大流量数据的传输要求，企业需要统一规划和标准的操作系统、数据库系统、开发工具、网络架构、安全机制等系统基础架构。

各企业的行业特点不同，信息化程度也不同。正在使用的信息系统有可能只是上述某个系统中的几个模块。应该说，信息系统无所谓先进或落后，只要能有效的支撑企业的关键业务流程，为企业进行市场决策提供依据就可以。什么概念时髦，就上什么系统。企业运行被IT牵着鼻子跑的做法，万万不可取。

以下将对与企业日常运营关系最密切的，并且对营销管理有直接影响的客户关系管理CRM系统进行详细的阐述说明。

二 客户关系管理

案例分享

这是一个没有经过任何杜撰，绝对原版的客户投诉："我上周日去××花园的管理处投诉房屋质量问题。负责接待的X先生说他们是××物业的，让我到××地产去投诉；××地产让一个工人将我们带到维修部，说找维修部的人投诉；到了维修部，前台接电话的一位小姐叫了负责维修这一块的张工，但他来后说他们只负责维修，这些问题应该去找位于售楼处二楼的营销部门，又将我们踢回售楼处；在那里找到一位陈××（戴眼镜，胖胖的，个不高的一个家伙。后来我记起了他就是最初我拒绝收楼，向花园投诉时接待我们的那个人。当时他就不重视我的投诉资料，搞得后来险些找不到我那张写了意见的收楼单了！）。我说准备把我们的对话录下来，结果他马上翻脸说要录音的话就免谈，摆出一幅爱理不理的样子。之后，在我们的一再坚持下他才说找负责××花园的客户服务部的人来和我们谈。像这样接受业主投诉的人我还是第一次见到，希望以后不会再碰到这种人了！"

这个发生在深圳某楼盘的真实的故事在房地产业内普遍存在。

为什么客户不满意？首先是这家发展商没有导入"以客户为中心"的战略，没有实现各个部门都能以提供优质客户服务为己任。各个部门之间相互推诿，对客户踢皮球，使得那些被烦人的问题搞的一头雾水的客户无所适从；其次是缺乏规范化、程序化的处理客户投诉的流程。客户并不清楚应该由发展商的哪个部门来解决问题。但是发展商自己连处理客户投诉的流程都没有理出头绪，确实是不应该。虽然很多发展商的办公室里都挂着ISO9001质量管理体系认证的证书，而这个体系注重的是对过程的管理，但是遗憾的是这个体系没有贯穿到发展商服务客户的具体操作之中；第三是没有借助于CRM这样的信息化手段来收集和记录客户的信息。如果客户手工填写的那张收楼单被丢掉的话，客户岂不是很不幸，发展商对客户投诉的处理岂不是遥遥无期了吗？显而易见，这样的发展商无疑是属于那种使客户感到不方便的企业。

“方便客户”，意味着要从客户的角度来看待售前、售中、售后各个环节上面所发生的所有问题。换言之就是简化一切浪费客户钱财，消除一切消耗客户时间和精力的多余环节。发展商应该采用方便客户的手段来处理客户的咨询、建议以及投诉，而不是像目前这样只是发展商自己想当然，从来没有真正去了解客户的想法——客户究竟在乎什么，客户的关注点究竟是什么。由于发展商的自以为是，使得客户晕头转向，摸不着头脑，最终结果是客户不买账。不仅旧的投诉没有及时有效地解决，新的投诉可能又来了，周而复始，愈演愈烈。为了防止此类情况的出现，发展商应该配置训练有速的专门人员来专门处理客户的投诉。当客户打电话询问有关情况的时候，他们用标准化和流程化的语言回答客户问题，而不是现在这样的信口开河、随心所欲。当客户迈进发展商的客户服务部的时候应该得到“一站式”的解决问题，而不是互相推诿，指使客户一会到这里，一会到那里。无奈的客户像个没头苍蝇似的东奔西走，一头汗水，一身怨气。

与以往相比，如今的发展商确实有了长足的进步。但是，“‘以客户为中心’的概念不可能像件新衣服，以产品为中心的公司只要往身上一套，就会摇身变成以客户为中心的公司。完成这一转变需要坐下来，从客户的角度出发，对公司的一切进行重新的思考。比如公司的性质、任务以及运作方式。最为关键的是，应该用客户的眼光看待自己的经营行为。按照客户的心理去体会自己提供的产品或服务留给他们的印象。经过这样的思考之后公司才能重新规划自己的经营蓝图。”这话是一位从没有来过中国更没有研究过中国房地产的美国管理大师迈克尔·哈默先生说的。

客户关系管理系统（CRM）就是为了很好的解决上述问题而发展完善出来的一套管理系统。

CRM的原理

客户关系管理（Customer Relationship Management，CRM），是企业通过一套高效有序的管理模式来识别、创造、维持和发展对企业有价值的客户，并与其保持一种终身的互动关系。

它首先是一种管理理念，其核心思想是将企业的客户（包括最终客户、分销商和合作伙伴）作为最重要的企业资源，通过完善的客户服务和深入的客户分析来满足客户的需求，保证实现客户的终生价值。

客户关系管理（CRM）又是一种旨在改善企业与客户之间关系的新型管理机制，它实施于企业的市场营销、销售、服务与技术支持等与客户相关的领域。通过向企业的销售、市场和客户服务的专业人员提供全面、个性化的客户资料，并强化跟踪服务及信息分析的能力，使他们能够协同建立和维护一系列与客户和生意伙伴之间卓有成效的“一对一关系”，从而使企业能够提供更快捷、更周到的优质服务，提高客户满意度、吸引和保持更多的客户，进而增加营业额；另一方面通过信息共享和优化商业流程可以有效地降低企业经营成本。

客户关系管理（CRM）的实施要求“以客户为中心”来构架企业，完善对客户需求的快速反应的组织形式，规范以客户服务为核心的工作流程，建立客户驱动的产品/服务设计，进而培养客户的品牌忠诚度，扩大可盈利份额。

客户关系管理（CRM）也是一种管理软件和技术，它将最佳的商业实践与数据挖掘、数据仓库、一对一营销、销售自动化以及其它信息技术紧密结合在一起，为企业的销售、客户服务和决策支持等领域提供一个业务自动化的解决方案，使企业有了一个基于电子商务的面对客户的前沿，从而顺利实现由传统企业模式到以电子商务为基础的现代企业模式的转化。

可见，客户关系管理不仅仅是信息技术和应用系统的范畴，而且是企业经营策略、业务流程和信息技术充分整合的范畴；它不仅仅是一个软件，而是方法论、软件和IT能力综合，是商业策略。毫无疑问，作为应用系统的客户关系管理系统（CRM）是实现企业有效落实客户关系管理策略和流程的关键工具。

CRM的主要作用

对企业而言，采用CRM系统的主要作用和效益在于：

1．通过细分客户群体提高市场营销活动的针对性和实际效果。同时提高营销活动的效率和质量，降低营销决策的风险。

2．整合各种渠道的客户资料，在深入分析客户信息的基础上，为客户提供更加个性化的产品和服务，并为产品的研发和生产提供更加丰富和可靠的用户及市场反馈。

3．强化销售渠道管理，有效降低渠道管理成本，提高渠道销售业绩。

4．完善售后服务和安装体系，建立整合的客户服务渠道。统一客户服务形象，提高企业声誉。

CRM的种类

1．操作型CRM

操作型CRM应用系统是客户关系管理软件中最基本的应用模块。这种系统的使用人员主要有：

● 销售人员。使销售自动化（即Sales Force Automation，SFA），包括交易管理、发票管理及销售机会管理等；

● 营销人员。使营销自动化，如促销活动管理工具，用于计划、设计并执行各种营销活动，寻找潜在客户，并将他们自动集中到数据库中，通过自动分配工具派给销售人员；

● 现场服务人员。使服务自动化，包括自动派活工具、设备管理、服务合同及保质期管理等。

操作型CRM系统的应用模块主要是为了使员工提高工作效率的应用工具。虽然在销售、服务和营销应用中包含一定的数据统计分析能力，但同以数据仓库、数据挖掘为基础的分析型应用是有区别的。并且，操作型应用也不包含呼叫中心应用等员工与客户进行交互活动的应用（协作型应用）。

2．分析型CRM

分析型系统从操作型系统应用所产生的大量交易数据中提取有价值的各种信息，如80/20分析、销售情况分析，以及对将来的趋势做出必要的预测。是一种企业决策支持工具。

分析型CRM系统的设计主要利用数据仓库、数据挖掘等计算机技术。其主要原理是将交易操作所累计的大量数据过滤，抽取到数据仓库，再利用数据挖掘技术建立各种行为预测模型，最后利用图表、曲线等方式对企业各种关键绩效指标（Key Performance Indicators，KPI）以及细分市场情况向操作型应用发布，达到成功决策的目的。

3．协作型CRM

协作型CRM应用指那些能够让企业客户服务人员同客户一起完成某项活动的功能模块。让客户参与，在企业服务人员或者CRM系统提供的指导和帮助下自己完成某项活动，客户柜员机就是其最简单的一种应用。例如客户服务中心人员通过电话指导客户修理设备。因为这个修理活动是员工和客户共同参与，因此他们是协作关系。

协作型系统由于客户不具有专业知识，必须具有学习功能，记录客户服务的请求、内容及服务状况，并不断抽取客户服务知识，从而为下次服务请求提供更快捷准确的指导。协作型应用目前主要有呼叫中心、客户多渠道联络中心、帮助台、以及自助服务帮助导航等模块，

协作型应用目前主要有呼叫中心、客户多渠道联络中心、帮助台（Help Desk）以及自助服务帮助导航等模块，未来的发展方向是具有多

媒体整合能力的客户联络中心。

走出IT建设的误区

软件的成熟性是软件商业化的基础。国际上，工业研究表明：信息系统项目70%以上都不成功。而且成本平均超预算240%，安装时间超过预计的178%。尽管信息系统作为管理变革的理念被描述得神乎其神，众多企业抱着加强管理的种种期望倾其所有，上马信息系统。但其结果却是多数成为了信息系统神坛上的祭品。

这些年，经过不断的探索和实践，信息系统的成功范例开始出现，并不断增加。但是，就整体而言。实施信息系统的成功率依然不足30%，七成的实施单位依然处在交学费的阶段。这表明：信息系统软件就整体而言，并未完全成熟。

这种潜在的不成熟性，突出表现在以下方面：

功能可用性不足。任何软件除了必须具有安全稳定性外，必须具有可用性。残酷的事实表明：70%以上的信息系统，无论是自行开发还是专业系统集成商代为设计，多数没有达到软件商原先预定的目标，平均只能达到预计功能的50%左右。

福克斯·梅亚曾经是美国最大的药品分销商之一，年营业收入超过50亿美元。该公司投资1亿美元耗时两年半建立的信息系统，不但没有使营销业务有所改进，还带来了信息处理上无尽的问题，以至于公司最后不得不宣告破产，留下的只是合作双方未结的官司。

除了这种已知功能的缺陷外，软件功能先天不足的问题就更加突出。我国的一些财务软件和简单的供销存软件“一变脸”，就成了信息系统管理软件。根本不具备对企业或组织进行生产和管理流程重组的功能，也根本没有对生产或管理流程进行全面的“过程控制”和“过程管理”的逻辑设计和逻辑思考。甚至相当一批信息系统管理软件的设计和编程人员还不懂得软件工程学和ISO9000的过程控制理论和过程控制思想。因此，他们所推向市场的信息系统软件必然具有先天性的“营养不良”症。在这种情况下，软件商的种种满足企业需求的承诺只能成为虚假的大话。

调试周期过长。许多产品在用户安装使用过程中都需要一个调试期，但调试周期不能过长。调试周期过长就等于把软件生产中的调试阶段转移到了用户身上，使生产和销售过程成了实验和研发过程。这是任何一个企业都无法承受的，很明显这侵犯了软件购买者的权益。

然而，资料显示：当前，信息系统软件的平均调试周期竟然在18个月到39个月。这样长的调试过程已经接近或超过了该软件的生产过程。这突出的反映了信息系统软件的不成熟性。

长春市某汽配厂曾经是中国一汽集团最大的零配件供应商之一，年产值超过12亿人民币。在历经了18个月的时间，耗费了近千万元的资金引进一套信息系统后随即陷入了调试“马拉松”之中。不但经营没有得到改善，反而使产值、利润下降了39%。以至在破产清算时，该厂领导人叹息地说：“是信息系统拖垮了我们”。

软件自身缺陷过多。信息系统这样的全过程系统管理软件必须经过应用考核和应用实验。但是，由于有关方面疏于管理，我国目前尚没有这类软件的市场准入制度和严格的质量审查程序，一些信息系统软件进入市场时就带了相当多的先天不足。例如，有一家软件公司使用L语言编写的MRP软件中竟然没有事务处理程序，客户端一旦出现掉电和误操作，数据库必然会出现非一致性的数据。再如，某软件公司生产的信息系统软件，由于程序设计原理上的不足在财务管理模块中致使正常的应收、应付款无法处理。国外进口的信息系统软件根本就没有”先行付货，销后逐步结帐”的处理程序。不幸的是，这种情况在我国却是大量存在的。上述明显违背业务逻辑和管理原则的情况说明：有的信息系统软件并不是一个完全商品化的软件。企业购买这样的软件只能成为无尽修改的实验厂，反复掏钱的“倒霉蛋”。

信息系统的实施是一场高风险的管理革命。据统计，信息系统实施项目中，一般只有15%左右能按期、按预算成本进行项目实施和系统集成，约一半左右的项目会在实施中流产或失败。因此，必须增强风险意识。在看到实施信息系统的巨大利益之时，应清醒的预见和防范信息系统在实施过程中的风险。

信息系统工程在运行中，依然存在着较大的风险。这期间的风险主要表现在以下三方面：

● 信息系统项目的安装时间平均超出预计时间的178%；

● 一个信息系统建立起来并进入稳定的运作期大约需要31个月。这之后，还需要8个月的稳定期企业才能逐步开始看到收益；

● 德勤（Deloitte）在对财富500强中的64家公司的调查中发现：四分

之一企业的经营业绩在信息系统运行后曾经历了一个下滑期。

以上三方面的问题说明：信息系统进入运行期并不是项目风险的化解，而是项目风险的重点转移和延续。因为信息系统在传统企业中毕竟是一个新鲜而又陌生的概念。原有的业务流程和业务习惯由计算机技术进行整合后，很难与传统观念迅速融合。矛盾和冲突不可避免。观念的碰撞是一种柔性碰撞。碰撞之后是艰难的磨合。新旧观念之间的缝隙必将在磨合中发展和完善，这是需要一个过程的。

企业中原先各自分离的许多信息孤岛在和信息系统集成时也会存在很多接口上的困难。要将其有机地集成也并非一件易事。特别是数据库的共享和对信息的分职、分权调阅和使用既需要数据的规范又必须利于各方的协调，一旦考虑不周就很难将系统集成起来。

由于参与信息系统项目实施的双方人员往往缺乏营销背景和解决企业管理中的实际问题的能力，及实施人员自身的素质同实际需求能力的差异，这些都是导致信息系统项目延长项目运行周期导致项目失败的一个重要原因。

特别是长期以来，外国公司出于语言交流的需要，在员工选用上强调外语技能的水平，而降低了实施技能的要求。国内的公司在人员选择上则偏重于计算机编程能力，也忽略了实施技能和管理能力的要求。这两种倾向，往往使项目实施人员的素质偏离了所应具备的基本素质的轨道，就无法从战略上、从管理的深度上、从实施中的预见性上去把握信息系统项目的整体方向和进程。也就更无法进一步提出切实可行的解决办法，以保证信息系统项目的顺利实施。

二、信息系统对领导是约束还是工具？

部门领导在推广系统应用中的职责和角色

实施信息系统项目的过程是用现代管理理念和对企业传统的、落后的、不适应市场需求的管理思想和管理模式进行的一种脱胎换骨的革新和再造。对企业的管理权限、管理职能、管理方法、管理效果都将进行根本性的变革。它涉及到诸如权利、职位、利益等方方面面的重新再分配。诸多的信息系统失败案例，究其原因，在于企业旧的组织模式未能随着企业信息化的进展、业务流程的改变而变革。信息管理系统所带来的不仅仅是一套软件，更重要的是整套先进的管理思想。只有深刻理解、全面消化吸收了新的管理思想，并结合企业实际情况加以运用，才能调动起全员的积极性、坚持全程的参与和持续的改进，才能充分发挥IT系统带来的效益。

信息化项目成功首先取决于项目的负责人。这个观点和“一把手工程”的主流观点不大一样，但是，唯有负责人自己对整个项目把握得当才能为成功奠定坚实的基础。项目负责人对项目既要有充分的信心，又不能将事情看得过于简单。对于项目负责人而言，领导的支持是考虑因素之一。对于领导不太支持的项目，负责人完全应该放弃或者中断。一旦获得领导的支持，则应该趁热打铁，积极推动并保证项目进程。

作为被考虑的因素，领导的支持在整个项目成功的各项关键内容中排名第二。对项目负责人而言，赢得领导支持不仅仅是普通意义上的支持态度，而是一个关键的承诺。有条件的CIO应该让最高领导回答，“如果下面的员工不愿意配合这个项目，您是不是还支持？”这一点在保证项目能够说服高层领导时至关重要。

如何有效避免“IT黑洞”

信息技术和信息系统正以指数级的速度在发展，其应用已深深地影响到人类社会的各个方面。“如何运用新的技术来改善和提高现有的工作”是具有竞争意识的企业经常关注的问题。因而，在信息时代，投入大量的资金建立企业信息系统以求提高企业的自动化程度，跟上国际发展的潮流，增强企业竞争力，已成为企业发展的必选之路。但是，事实证明，单纯的手工自动化并不能给企业提供竞争战略优势，相反会导致企业信息化建设的盲目投资，形成“IT黑洞”现象。许多企业所面临的结果是信息系统的分割、闲置和重复投资，大量的企业资金打了“水漂”，企业整体效率的提高却并不明显。

如何避免“IT黑洞”，如何有效地利用先进的信息技术提高企业管理水平，在目标上实现企业关键绩效指标，如品质、成本、时间和服务上，获得巨大的提高，其前提在于：突破人们习惯性思维方式，重新认识并理顺企业的关键业务流程，在流程优化的基础上用信息技术予以辅助支撑，从而保证企业信息化投资的谨慎性、科学性和正确性。

业务流程重组是信息化建设的前提。同时，信息技术给企业提升经营管理水平带来了新的思考点。它使得BPR的思想理念得以实现，并为BPR的实施提供了多种软件支撑，成为企业经营的强有力的支撑工具。信息技术与BPR是一种相互影响、相互制约的关系。合理运用信息技术是BPR的难点和要点所在。重新设计流程、提高整体优化也是信息建设的核心关键。“业务流程重组与IT应用相结合”是企业成功进行IT建设的保证。

因而，正确认识IT技术与BPR的关系是顺利进行企业业务流程重组和信息化实施的首要任务。将业务流程重组和IT规划与实施有效地揉合起来，充分考虑相互之间的影响和互动是项目实施方法论中的关键问题。

IT建设项目实施应该注意以下两点：一方面，在流程改造时充分考虑IT技术，同时利用以IT为介质的流程改造工具。如我们在实际进行BPR项目实施时，要考虑到IT技术的运用和数据的共享能使得流程得以怎样的简化；另一方面，我们还要认识到BPR对IT的决定作用：BPR的构想反过来决定IT的框架模式，IT的功能设计必须符合BPR的组织结构和优化思路。

对于信息系统，不可求大求全。企业需要的是一个合适的系统而不是最好的系统。

案例分享

江苏狮王在中国的三个工厂选用的都是QADMFG/PRO系统。对于这个系统在他们公司的合适度，作为公司IT主管的李宪仪给出了极高的评价：

它的价格在信息系统产品中是相对较低的。因为这类项目的花费都不会是小数目，所以把软件购买的价格控制在一个可以接受的范围内也是必要的。同时，对于任何企业来说，信息化的投资始终是需要和自身的经营规模相适应。

众所周知，QAD产品的实施周期比较短。我们在常州的工厂整个项目从启动大会到系统正式上线，只用了两个月时间。更短的实施周期不仅仅意味着更快取得效果，得到回报。最重要的是，缩短实施过程中的动荡时间。这段时间对于参与项目的员工而言是非常痛苦的，既要做双份的工作，同时还要承受前景不明晰带来的心理压力。因此把项目周期控制在一个更短的时间里面对于项目本身和企业发展均是有好处的。

就产品性能而言，虽然像SAP这类大型系统一定能够满足公司的主要需要。但QAD的功能也已经能够提供所需要的关键功能了。我们使用了系统提供的几乎所有模块，包括财务、制造、采购、库存、销售、DRP……因为系统中会有一定的流程可以选择，这些流程基本也可以满足公司流程的情况。选用了一种信息系统产品却把它的流程彻底修改，无异于买椟还珠，是很可笑的。

另外有一点，并不是我在接触产品介绍时候了解过的，但从我的考虑中，这一点也很重要。MFG/PRO的维护非常方便，成本也相应较低。我很欣赏它非常安全的数据库设计。

二 谁来主导系统设计，营销部门还是IT部门？

IT系统，总是计划赶不上变化

在信息系统项目的实施过程中，项目应用方领导思想的错位是最主要的风险。这种风险有两个突出表现：

其一，企业在信息系统项目的实施中放弃领导权，处于从属的地位。

实践中，相当多的企业领导认为，信息系统项目是高新技术，企业不大懂，只需要做好配合就行了。其实，这样的想法和做法都是错误的。

企业是实施信息系统项目的主体，必须在项目实施过程中处于主动的态势和主导的地位，并发挥决定性的领导作用。软件商派驻的实施人员只能起一个参谋、指导和安装实施的作用，真正发挥领导、组织、调度、指挥作用的应该是应用企业。可是，相当一部分应用企业大权旁落，听之任之，只是签字掏钱者。以至“项目方案无审定，项目进度无要求，项目延期不过问，项目超支无考评”。使信息系统管理工程项目变成了“稀松工程”，“马拉松工程”。

其二是把信息系统项目看作一般的计算机项目。

相当一部分企业把信息系统项目交给本企业的计算机技术人员去组织实施。这种做法实质上是把一个现代管理工程项目当作了一个一般的计算机项目。同样放松了或放弃了对这样一个事关大局、事关整体、事关战略的大型系统工程的领导。这样就不能站在竞争的高度、宏观的高度、战略的高度去审视和把握项目实施中出现的问题，及时地根据项目的需要调度和调整人力和布局，适时的对相关机构和部门进行适应性调整。特别是应该按照过程管理的思想和方法对信息系统项目实行全程的、全面的过程监控和过程管理。

当我们坚持了用现代管理理念去进行现代管理工程之时，一定会使BPR项目的进度、造价、工期、效果都有一个明显的改变，一定会尽快显示出信息系统这样的现代管理工程项目的无限生机。

第三方咨询，有必要吗？

对第三方咨询是否采用，主要看企业自身的技术实力和管理实力。

信息系统项目的实施成本可能是软件价格的三到五倍。聘用咨询顾问以及为此所花的成本可能会达到整个信息系统实施预算的30%。不断的对该软件进行修改和许多意想不到的变动，还会使信息系统项目增加许多意想不到的开支。因此，这种项目实施中成本的隐性扩张将使项目成本无法控制，形成一种无限膨胀的“无底洞”。拖得企业无法承受。

信息系统的复杂性决定了它昂贵的价格。对于一个企业来说，在开始考虑采用信息系统之前，就要了解应用这一系统所需要的全部成本。但是任何一个软件公司报价时的预算成本和实际成本都是相差甚远的。在对63家跨国公司进行的调查中人们发现，当实际的成本（例如软件、安装、咨询和硬件）被全部包括进来时，应用信息系统的全部成本的平均额高达1500万美元。这一数字是惊人的，这样的大型项目成本不受控是绝对不行的。

信息系统的成本管理采用的是标准成本体系。标准成本体系是20世纪早期产生的并被广泛应用的一种成本管理制度。标准成本体系并非是一种单纯的成本计算方法，它是把成本的计划、控制、计算和分析相结合的一种会计信息系统和成本控制系统。从信息系统成本本身来看，强调事前计划、事中控制、事后反馈的统一。采用信息系统标准成本体系，系统可以自动计算出产品的标准成本、实际成本，并将差异自动结转、计算出来。还可以将差异细分为：原料价格差异、原料数量差异等差异项，从而便于企业找到产生差异的直接源头，对症下药。

对第三方咨询公司的考察包括几个方面：最基本的就是考察每个公司的基本情况，如规模、资金等等。这些是公司自身的实力和信誉度的体现。其次，直接考察具体参与的顾问。最后则是对实施商介绍的客户进行一些拜访或者电话交流，了解一下这些客户的反映。

第五章

提高营销执行力中领导者的角色

领导者的素质

充分了解你的企业

本书前面已经说明了领导者在执行过程中扮演着非常重要的角色，那么这个角色到底需要具备什么样的素质呢？

领导者要充分的了解自己的企业。在很多没有建立执行文化的企业里，领导者们并不清楚自己的企业每天都如何运转，而只是通过下属的汇报来获得一些间接性的信息。但是这些信息都是经过信息收集人员过滤的，也会受到领导的日程安排、个人喜好等因素的影响。所以说，领导并没有真正参与到企业战略计划的实施中，他们根本无法从整体上对自己的企业进行全面综合的了解，而员工也不可能理解这些领导者。没有了解，就不可能让执行进行到底。

你知道吗？

很多领导在与自己的员工进行交流时，总是讨论一些无关痛痒的问题，比如“你孩子上几年级了”，“在这里工作感觉怎么样呀”等等。这样的交谈表面上看好像一切都很好，领导很和蔼，经理们也没有什么压力，但是尤其是优秀的经理们的这种走马观花式的巡查更容易让员工泄气。因为他们已经准备好借此机会向领导汇报很多问题，或者向领导展示自己是多么了解企业。如此的交流就向你的员工透露了一个这样的信息：领导根本不关心企业的运转，他只希望企业“看起来很好”。所以员工们也就会按照“看起来很好”的标准工作。

综合全面的了解企业才可以及时地解决问题，让员工充分的意识到领导对企业的关注和了解。这样他们才可以努力地工作，并且不敢怠慢，在领导的带领下才可以让执行进行到底。同时，充分的了解还可以让企业战略执行过程中每一个环节都得到及时跟进，提高执行的效率。

二 坚持实事求是的原则

实事求是是执行文化的核心，虽然实事求是的态度可能会使现实变得异常残酷。大家都希望听到好消息，没有人想成为麻烦的制造者。所以很多员工都会在可能的范围内尽量的避免或者掩盖现实，让一切看起来都很好。其实很多领导也是如此，在描述企业的优点和取得的成绩时就夸夸其谈，而说到缺点就一笔带过、轻描淡写。

实事求是必须坚持的原则，领导者更应该坚持，并用一种客观的态度来评价自己的企业。当企业出现问题时更应该如此。刻意的隐瞒只能带来毁灭性的恶果。当企业的战略目标已经设定，在执行的过程中所出现的任何问题必须实事求是的对待，不可以抱有侥幸心理。只有每一个环节都无懈可击，这样执行才可以进行到底，并且坚持实事求是的原则可以使企业更快、更持久的建立执行文化。同时，领导也应该按照这个原则对执行者进行奖励，让完成任务和未完成任务的员工有所区别。这样的奖励不仅公平，还可以鼓舞员工的斗志，进一步促进执行的完成，在企业中形成执行文化。

三、科学设定目标的能力

领导希望所有人都对企业的战略目标了如指掌并牢记于心，那么就需要将目标设置的明确清晰，并进一步设置出各个目标实现的顺序。清晰的目标使员工明确了解自己的任务，科学的步骤使各部门知道自己做事的顺序，这样既不会出现员工不知道做什么的情况，也不会出现各部门未完成目标争抢资源的状况。

目标设立之后还需要进行简化，执行型领导的讲话总是简单明了的。他们能够将自己的想法用最简洁、最通俗的文字表达出来，让所有的员工在短时间内接受并理解。

你知道吗？

有的企业领导认为自己已经设定了若干个内容且步骤清晰的目标。事实上，他也不清楚哪一个是最重要的，这个目标能否实现。所以企业领导所设立的目标除了清晰之外还必须现实，不能够好高骛远设定不切实际的目标。

所以目标设立的科学性非常重要，科学包括清晰、可实现等因素。领导者要具备这种能力才可以更好的指导下属去执行。

打好配合与协作的基础

一 人治与法制

管理就是做人做事的道理。

做人，就是如何搞好人际关系。

做事，就是如何提高工作绩效。

总之，搞好人际关系，提高工作绩效就是管理。只会做人不会做事，是一团和气，是和稀泥，管理上等于零；相反，只会做事不会做人，常常得罪人，管理也等于零。

因此，要先会做人，然后会做事，这就是管理。而管理哲学则是反省自己的管理经验的过程。虽然很多企业都标榜员工是企业最重要的资本，但是有多少企业给予员工足够的重视呢？又有多少企业是由于祸起萧墙而一蹶不振呢？

追溯中国最古老的哲学《易经》，它的精髓就是阴阳八卦，但阳卦多阴，阴卦多阳。阳卦多阴是因为阳虽然是少数却是主要动力，所以叫阳卦。阴虽是多数，但阴不是主要动力，所以不能叫阴卦。可见，中国人并没有少数服从多数的观念。如果多数人能够照顾少数，彼此就很好商量。如果多数欺凌少数，那么反抗的力量就会很大。因此，管理上一定要重视事前的疏导。

管理必须要有制度，但做起来却要有弹性，中国人对此是非常执着的。中国人说一切都在变动，是指用哪种方法好就采取哪种方法。多数不一定对，但也有对的时候；少数不一定错，但也有错的时候。所以，我们用多数人去感应少数人，化阻力为动力，“彼此，彼此”，将心比心，这对中国最有效。

中国人做任何事情都有两种不同的结果，我们要在事情将要发生而尚未发生的时候及时纠正，事先沟通，这是管理中最重要的环节。其好处是不走极端，可以随机应变，因时制宜。坏处是弹性大，难于确切把握。如果智慧不足，难以恰到好处。可见，在中式管理中永远离不开中式哲学。

管理的目标也是为了促进公司的内外协调，控制和保障公司组织有效运行，发挥积极的作用，以便更好地驾驭公司的发展和命运。即使一个人有再多的知识和技能，却缺乏深邃的政治驾驭智慧，不能够缓和公司矛盾与权利欲，那么想要找到一把打开“人性”管理的金钥匙，一定是非常困难的。流程图和设计说明及执行手册虽然可以对企业业务运作的过程进行规划，可是对于每一个动作、每个行为的细枝末节的明确分界线却永远也无法确定。公司不只是个人的组合，它同时也是一个组织，是一个由各种各样的利益团体组成的利益结合体。员工则处在公司的整体联系之中，是多种规定性的有机统一。企业中的个人和群体由于所在职位的不同以及承担角色的不同，各有其特定的任务和职责，从而产生不同的需要和利益。当一个流程开始运转时，总会有一些模棱两可的事会暴露出来。要解决这些问题并实现业务运作目标，必须发展人际关系以补充和促进正式工作角色之间的关系。值得重视的是，这些非正式的人际关系提供了很多可选择的办法来解决争端，并奠定了执行工作的参与者以非正式的沟通来澄清观点的基础。

在金庸的作品《笑傲江湖》中，有一段林震南教导儿子林平之的话：

林震南道："江湖上的事，名头占了两成，功夫占了两成，余下的六成就要靠黑白两道的朋友们赏脸了。你想，福威镖局的镖车走十省，倘若每趟都打胜仗，常言道'杀敌一千，自伤八百'，镖师若有伤亡，单是给家属抚恤金，所收的镖银便不够使，咱们的家当还有什么剩的？所以嘛，咱们吃镖行饭的，第一须得人头熟，手面宽，这'交情'二字，倒比真刀真枪的功夫还要紧些。"

林平之道："咱们十省镖局中一群英雄好汉聚在一起难道还敌不过什么少林、武当、峨眉、青城和五岳剑派吗？"

林震南笑道："孩子，你这句话跟爹爹说说自然不要紧，倘若在外面说，传进了旁人耳中，立时你便惹上了麻烦。咱们十处镖局八十四位镖头各有各的好玩艺儿，聚在一起自然不会输给了人。可是打胜了人家，又有什么好处？常言道和气生财，咱们吃镖行饭，要更加让人一步。自己矮着一截，让人家去称雄逞强，咱们又不少什么。"

是啊！虽说有理走遍天下，可我们在实际的生活与工作中，企业活动毕竟由人来操作，扩张也必定靠人去完成。因此人是企业组织的根本，"交情"往往比"有理"更有效率。现代管理学在把人、财、物当成管理对象的同时也把人当成是公司组织稳定发展，使之得以良性运营的根本所在。"以人为本"的根本在于切实地尊重人、培养人、保障人、成就人，以此全面提高人员素质，最大限度地调动人的积极性。企业的“企”没有了“人”，就变成了“止”。没有人的企业就没有了生命力。

遗憾的是，许多企业的“以人为本”多数是停留在口头上或文件里，并没有落实到具体的管理实践中。IBM公司为了真正实现尊重人、信任人，为用户提供最优服务以及追求卓越，在20世纪50年代中期毅然废除蓝领劳动者与白领劳动者的区别，转变为以技术专家为领导的科学管理。IBM的价值观也在原来的三原则（为员工利益、为顾客利益、为股东利益）上发展成为三信条（即尊重个人、竭诚服务和一流主义）。

自迈克尔·哈默博士创造性地提出了“流程”和“重组”这两个概念以来，他的思想已经“重组”了现代商业社会，业务流程重组形成了世界性的浪潮。但在一项调查中显示，70%以上的业务流程重组项目走向了失败或是未达到流程设定的目标，原因其实很简单：管理者没有投入足够的精力去培养流程运作中跨部门、跨岗位的紧密工作关系和非正式人际关系。连哈默博士自己也在一次“华尔街日报”的访谈中承认了自己的错误：在流程重组中忽略了人的因素。

在研究大多数的营销管理咨询项目时，人们发现这些公司的确按照订单的要求执行了所有步骤。然而，各个步骤参与者并没有在一起工作，每个人只关注自己的事务，视野狭窄。他们没有保持相互的联系，无法为完成特定的目标实施统一行动。三个瞎子遇到一只大象，每一个人都大声惊叫。第一个抓住大象的一只耳朵说：“它是一个大而粗糙的东西，又宽又阔，像把大扇子。”第二个人握着大象的鼻子说：“不对，它

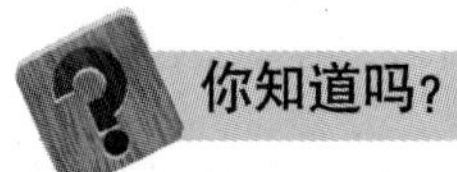

是一个直而中空的管子。”第三个人摸着大象的一条腿说：“它坚实而强有力，像一根柱子。”然后这三个瞎子各持己见，争论不休。他们与一个公司的不同部门一样，每一位主管都从本位主义出发，“清楚”地看到问题所在，但是没有一个人明白自己部门的业务活动如何与其它部门相关工作互动。按照这样思考的方式，他们永远不会知道一只大象的全貌。

在这样的企业里，业务操作过程被分割成互不关联的片断。每一个片断都处在相互分隔的部门之中，没有人从全局的高度来看待整个过程，以及自己在这个过程当中的客观角色。人们的思想不统一，目标不明确，彼此之间缺乏共同的语言，部门之间的沟通往往以失败告终。所以人是让执行进行的关键因素，所有的条件都是无生命的，只有人是有生命的，是带动整个企业运转的主体。

案例分享

下面来研究一个实业集团的案例。它有助于企业来判别一些使日常业务运作的参与者团结起来的沟通形式和使运营系统的运作矛盾重重的不能相互理解与信任的因素。A集团是全国也是全世界最大的一家粮食产业集团，它的前身是某农垦局下属的六大农业公司。为了适应市场经济的发展要求，缔造规模优势，农垦局于2002年2月将这分别属于六个分局的六家农业公司整合起来成立了A集团。我们参与了为此集团制定2003～2005未来三年的营销规划工作。在对关键业务流程的诊断过程中我们发现，几乎所有问题的焦点都集中在了跨部门，甚至跨岗位的沟通与协作中。例如，订单的处理流程中最大的矛盾就是销售、生产和储运之间的协调矛盾。究其根源，是由于六大农业公司的人员在被迅速整合后还都习惯于用自己的方式来工作，并且多文化、多角色的冲突也使中低层工作人员有些无所适从。由于缺乏相互的理解和信任，一些在别的企业看似正常的程序在这个企业中就必须多加几个控制点，似乎不这样做就不能证明相关负责人的清白，就不能确保企业的资金、财产的安全。但这样就导致几乎所有的关键业务流程都存在问题并且效率低下。

针对A集团的实际情况，我们在重新调整和优化了关键的业务流程并完善了相关的管理制度后，为了确保流程愿景的实现，我们吸取了哈默博士的教训，在跟进这些流程的执行过程中重点考虑了“人”的因素。除了流程对岗位人员素质的要求外，我们更加注重对非正式的人际关系的培养，在集团内铸造强有力的人际关系纽带，把流程中的参与者团结起来，创造机会增进人与人之间的交流。同时还必须在各个层次的管理者中持续开展交流和融合的活动，使相互的关系得到发展。在跨岗位、跨部门的相关人员相互了解，并且变得愿意共享技术、信息及加入到共同的团队当中去之前，流程中要求的广泛协作与配合在实践中是不可能实现的。在企业正规的组织架构之上，以流程为基础，使所有的参与者形成一个人际交流的网络。交流心得，互相促进，提高效率，加强相关岗位工作人员的相互理解与沟通，直至相互信任。并能加强管理者之间的联系和增强配合，使双方相互信任，从猜疑走向合作，从互相推卸责任到共同配合去 满足客户的需求，使流程真正为企业带来效益。反之，如果信任逐步消退，那么人际关系就会变得紧张。

二 关注整个团队的执行力而不单单是个人执行力

营销执行力的关键在于团队执行能力而非个人执行能力

公司应按照营销计划对岗位的要求谨慎选择工作人员。我们经常听见营销部门的中层管理人员抱怨领导任命达不到要求的人员来执行营销工作，为其它相关岗位的工作带来一定的困难。过多的关注个人执行力而忽视团队执行力是企业普遍存在的问题。

教你一招

在客户眼里，企业存在的目的就是给客户创造价值，为他们提供效用。然而，在大多数企业里，客户价值的实际创造和传递不是单独某个人能够承担的责任。如果打算找到一个人专门从头到尾完全负责某项工作，那几乎是不可能的。不可能由某个员工甚至某个部门完全满足客户订单上的所有要求。与此相反，为客户提供最终产品的整个工作被分散在不同的部门，由不同的工作单元共同实施。在企业里，基层员工、管理人员和不同的业务部门全神贯注于每一个能够为客户创造价值的具体工作。例如，公司会安排专人接听客户的电话，专人收集所需信息，专人确定下一步行动方案，专人负责跟进整个行动过程。的确，所有的工作都可以有专人负责，然而却不是一个人能做完所有的事情。企业的每一项业务运作都是一组活动，而不是一个单独的活动。例如，完成订单是众多核心业务活动之一，具体包括接收订单并作记录，检查客户的信用凭证，产品配送，收款与售后服务等。单独任何一项业务活动都无法完成整个订单，所有不同阶段的工作整合在一起，形成一个有机的整体，向着同一个目标。完成不同阶段工作的人必须围绕着这个目标把所有的活动联系起来，而不是独立完成只关注自己的业务。

企业高效的管理执行能力并不仅仅是有关协调业务管理体系范畴的事，它必须在商品价值中体现出来，所以它同时也与整个工作团队的配合和商品的价值交付息息相关。如，IBM、CISCO、DELL或任何一家企业要想使管理执行能力发挥作用并为企业带来价值，那就决不仅仅是制度问题。它必须确保市场部人员、销售人员，甚至财务与行政人员都参与了解客户需求以及科技进步所能带来的变化。它是交流、沟通、参与并在组织内部跨越职能边界的深度的认同。管理执行能力的培养涉及到了几乎所有级别的人和经营活动的各项职能，并且企业越多运用这种高效的工作方式越容易将之积淀成为企业文化的一部分。

在制定营销计划时，行动计划以讨论的方式建立了一个团队衔接配合的基础。积极的讨论依赖于两个或三个甚至更多的参与人员在部门间找到一个适当的平衡点。通常，在为了实现营销目标而进行的人力、物力、财力等资源分配的讨论会上，对于岗位的设置、相关部门和人员的责任、权利和义务的划分会存在分歧。如果处理不好，这种最初的分配形式对未来的相互协作与配合会产生极大的负面影响。相当一部分企业的管理者指出：企业关键的业务运作流程对岗位、部门及衔接环节的相互职责界定模糊就容易造成在业务运作过程中对相关的责、权、利迟迟不能划分清楚，在出现问题时互相推诿责任，甚至在有的部门间形成了一种敌对的状态，很多解决问题的会议变成了吵架会议。如果任由这种情况持续下去，营销工作如何能够在信任、共鸣和相互理解的基础上讨论问题并拿出解决方案呢？而这正是解决问题所需要的基本态度。

管理者在其中依然扮演着非常重要的角色

以一个管理咨询项目为例。咨询项目小组是一个团队，维系团队的开放性、整体性是成功项目组长的重要任务。考虑到咨询顾问都是专业人士，个性大都很强，整合咨询项目小组并不是一件容易的事。

1. 整合项目价值与个体价值

应该说咨询项目小组所有成员都应该服务于项目的整体价值。但是，在现实中，由于咨询项目是一项富有创新性的脑力活动，咨询顾问在自己所牵头负责的某个方面往往会与整体价值不一致。强令个体服务整体利益容易挫伤创新积极性，说服个体或者通过讨论解决不一致问题又会受到项目时间与进度的限制。可以说，整合项目整体价值与个体创新价值并不是一件简单的事。成功的项目组长既需要鼓励个体创新的发挥，又需要收敛个体的差异性来支持项目的整体性，现实的体会是没有一成之规的，但有件工作是必须做的，那就是与项目个体成员的有效沟通。这种沟通最好是私下进行，承认个体创新的价值，希望个体服务于项目的整体利益。

2. 表扬与批评的平衡把握

咨询项目进展过程中，各个子项目的进展及完成情况肯定会有所不同，项目成员的成果与表现也会千差万别。好的需要项目组长予以肯定和表扬，不好的需要项目组长予以批评与协助。不过，两者之间的平稳点确实很难把握，尤其项目组成员的能力都很强时更是如此。首先项目组长需要理清好坏的原因，是客户方面的配合原因，还是项目成员的努力程度。现实的体会是“公开表扬、私下批评”。表扬更多是期望未来做得更好，让其成为项目组内的标杆，批评更多的是为了协助项目成员改善工作、完成任务。肯定和赞扬每个成员的优点是成功的项目组长必备的素质。

3．事事不必亲历亲为

项目组长的主要工作是代表咨询公司与客户开展合作，细化明晰客户真正的核心需求，做好项目规划与指导工作，激发项目组成员按要求完成任务，把项目成果展示给客户并推动客户进行实施。可见，项目组长更多的是规划与沟通工作，并不需要太多地切入到具体事务工作中。虽然在某些方面项目组长比项目成员更专业更深入，但需要注意的是，团队工作追求的是整体，而不是局部的最优化。

4．获得咨询公司的全力支持

应该说咨询项目启动后，项目组长便可以“将在外君命有所不授”。不过，咨询项目不只是项目组所能完成的，还需要得到咨询公司的各项支持，尤其是当项目小组远赴外地工作时更是如此。

5．成功的项目组长应该善于保持自身身心的平稳

首先，项目组长是咨询公司的全权代表，担负着完成咨询合同的压力；其次，项目组长直接应对客户，客户的各种反馈意见所形成的压力也是项目组长背负的沉重负担；最后，项目组长还是咨询项目小组的带头人，要维护项目成员的积极性，要保证项目方向的不偏离，责任更加重大。项目一旦进展不顺，三种压力会一齐发力，难免会对项目组长的心态造成冲击。因此，成功的项目组长应该能不断调整自我，保持身心

平衡。

教你一招

为了在计划执行的参与者中建立起团队的工作机制，公司应当开展一些有利于团队建设的工作，如开联欢会，郊游，打破层级、部门的概念交流经验。尤其在计划执行初期，建立以流程为导向的团体协作格局是至关重要的。因为初期人们交流信息的愿望非常迫切而当时的局面也比较混乱。然而，如果执行工作的参与者未能成功建立关系和加强人际间交往的纽带，这种正式团队练习的效果会逐步减弱。

领导对执行过程的监督与控制

营销工作的执行是否到位既反映了营销系统的整体素质，也反映出领导者的角色定位。营销领导者的角色不仅仅是制定策略和下达命令，更重要的是具备执行力。在制定计划之后需要亲自参与执行，只有在执行过程中才能准确及时地发现计划是否可行。另外，并非所有的事务管理者都可以授权给他人，有些重要的事务必须要求管理者亲历亲为，不能偷懒。培养执行力不能只停留在知识和技能层面上，更应着重于营销人员角色定位的观念变革上。要培养营销系统的执行力，应把重点放在领导者身上。为了更好地实现营销目标，我们就必须反思领导者的角色定位——领导者不仅仅要制定策略，还应该具备相当的执行能力管理他人。

以是否具备执行能力为标准，积极选拔合适的人员到恰当的岗位上

要锻炼员工队伍的执行能力，其中最为关键的是要解决三个问题。首先，要让战士爱打仗，要用各种方法调动人员的积极性。其次，要让战士会打仗要通过持续的练兵提升人员的综合素质和专业化素质。管理者还要训练队伍作战的有序性。只有一支训练有素的队伍在投入战斗时才能不乱阵脚，进退有序，才能成为战无不胜的铁军。最后，领导者的执行能力要通过对业务运作流程的设计、过程管理、效果评估与控制来体现，这也是最困难、最讲究艺术性的一部分。

身先士卒，通过亲身实践影响下属的执行观念和行为方式

领导者本身的行为是整个企业的风向标，所有的员工都会拿它当作参照物。所以，在企业的日常管理中，领导者要身先士卒，积极参与。如果领导者在会上大讲特讲某件任务的重要性和紧迫性，号召广大员工加班加点工作，而会下员工们看到的却是领导者漫不经心的态度，员工会作何感想呢？所以，领导要带动每个人共同负责，首先自己应参与到公司的日常业务中去，身体力行，让员工们经常看到你的身影。这样才能给员工做出表率。那些没有真正参与到企业日常运营中去的领导者根本不可能对一个计划的执行产生决定性的影响。正如迪克·布朗所说的那样：“一家公司的文化是由这家公司领导者的行为决定的。领导者的行为将决定其他人的行为。所以改变领导者的行为方式是改变整个企业行为方式的一个最有效的手段。”

为了把企业改造成一个执行型组织，作为领导的您必须通过亲身实践，并通过开放式谈话的方式来建立和影响下属的执行观念和行为方式。通过不断实践，他们最终会把这些行为习惯循序渐进地渗透到整个组织当中，最终演变成为该组织企业文化的一个重要组成部分。不同的企业可以结合自身的实际情况，采取适当的工作方式，使人们以更加坦诚和现实的方式来进行对话，从而促使公司的高级领导以更加有效的方式进行决策。在这个过程中，领导者自身的行为，包括他与各级员工交流的方式，都塑造和强化了公司其他成员的信念和行为。基于这种前提，不单是管理层，每个人都做好了充分的准备。他们能够为公司下一阶段的工作提出自己的建议。通过对整个公司的业务讨论(包括企业当前所面临的外部环境)，每个参与讨论的人都能够对本行业的总体趋势、竞争情况、公司目前所面临的问题等有更加深入的了解。如果他们能够尽最大力量来帮助公司建立一种执行文化，这个信息就会逐步传播到整个组织，并最终在公司范围内形成一种真正的执行文化。

关注执行过程并不意味着事必躬亲与大包大揽

很多领导常常试图靠自己将每一件事情办好，恨不得把所有的事情都包揽下来，这是一种不明智的行为。这样不利于企业提高执行力。领导者平时只需要处理少数重要事务即可，其余的琐碎事情应委托给下属处理。如果领导都事无巨细地亲自去办，不但处理琐碎事务将占用大部分精力，致使少数重要的事务也做不好，而且还会剥夺下属发挥才能的机会。

对计划执行的监督与控制

为了提高执行效果，领导者必须要加强团队成员之间团结，增强组织的内聚力。为此，领导者要以人为本，尊重每个成员的“自我”。尽量地照顾每个人的要求，公正平等地对待他们。在组织中提倡以人为本并做到以人为本应是领导所要重视和关注的。让所有的成员都能感受到家一般的温暖，成员彼此之间也会充满信任感。倘若每个人在组织中都有自己的一方天空，都能自主地管理份内事务，就可以充分发挥主人翁精神。

1．确认每个员工都明白自己的任务与角色

企业组织是一个有机统一的系统，每个员工都是这系统的一个组成部分。为了保证组织的正常有效运转，每个员工都必须知道自己在这个系统中的角色，从而明白自己的任务。领导者是整个系统的协调者和管理者，主要任务之一就是使每个员工都明白自己的任务和角色，让他们按照组织的章程和管理目标充分地发挥自己的自觉性和能动性，高效地完成自己的任务。

2．督促下属制定自己的工作计划

一个团队有团队的工作目标和计划，领导将团队总的目标和计划分解到各个具体的部门，并最终落实到每个具体的员工头上。为了有效地完成企业的目标和计划，围绕着总目标和总计划，领导必须督促每个下属制定自己的目标和计划。这样，在企业的日常经营管理中，每个员工都会有条不紊地按照自己制定的目标和计划工作。目标和计划的制定会大大地促进执行力的提高。

3．启发员工自己思考

下属在执行任务的过程中，肯定会遇到各种各样的难题。这时候，领导者的责任不是去提供现成的答案，而是启发下属自己思考，自己找出解决问题的方法。如果领导提供现成的答案，下属会形成依赖的心理，长此以往，不利于培养下属自己分析、解决问题的能力，对提高企业组织的执行力有害无利。

领导者真正的工作是建立企业环境，并构架出需要解决的问题。好的领导会询问正确的问题，引导员工抓住议题和想出解决方法。他也必须鼓励对话来评估所有可能的解决方案，借此帮助员工探索各种冲突观点的背后逻辑，并吸引更多的员工参与决策。当公司领导面对面的与员工讨论工作时，成功领导者最有力的位置就是担任“咨询师”。

4. 帮助员工树立自信

自信心并不是与生俱来的，它是后天创造出来的。领导者一个很重要的责任就是帮助员工树立自信心。员工只有拥有自信心才敢承担风险及责任。最糟的状况是员工害怕他们的工作并缺少自信。

5. 定期审查下属的执行报告

当领导向下属交付了一个任务以后，为了对下属的执行情况进行适当的督促和监控，领导有必要规定下属定期交纳执行报告，把任务的执行情况向自己做一个汇报。这样一来可以随时掌握下属的执行进展程度；二来如果下属在执行过程中有什么问题，可以随时提供必要的指导和帮助；三来无形中给下属制造一种压力，使他们不敢懈怠。所以，规定下属定期交纳执行报告可以大大提高下属的执行力。

二、有效沟通

在任何组织内，无障碍的沟通和信息交流对于解决分歧、对最新情况做出快速反应、达到对被广泛理解的营销目标的合理分解都是至关重要的。为了实现业务运作的目标，需要在相关部门管理者的交流与工作中建立起一种互动的人际关系网，沟通与信息的交流是在合作关系中建立相互信任的先决条件。把与流程相关的个体联合起来，形成一种社会关系，为组织内正式工作关系的形成提供了一个美好的前景。定期审核这种非正式的工作关系，把它作为连接一些松散关系的纽带。这样某个人就不会对这种关系产生决定性的影响，真正产生影响的是联系这些关系的纽带——定期无障碍的沟通和信息交流的方式。这种方式一旦形成习惯并延续下来，即使工作流程中的相关管理政策做出一些调整，或业务运作流程中的某个岗位发生了变化，不同岗位和部门也会通过及时的沟通与反馈对相关的配合达成共识，实现业务流程的绩效目标。

对任何一个企业来说，管理者最重要的能力之一就是协调沟通能力。如果一个人拥有很强的协调沟通能力，他就能和别人非常融洽地工作。而只有在融洽的环境里，一个人才能充分地发挥自己的能力。要使自己的价值得到认可，不要怨天尤人，要通过自己的人际沟通能力去创造一个好的氛围。沟通能够改变一个群体的心理，能够激发人们的能量，同时也能够吸干人们的能量。它能够帮助人们建立自信和乐观的情绪，也能够使人们变得悲观。它能够在人们之间形成一种和谐一致的气氛，也能够造成很多摩擦。

在建立营销目标并形成计划和通过业务流程的运作将这些计划执行到位为企业带来价值之外，各部门的首脑要区分这些目标和流程运转的内涵并传达重要的信息给各自的部门。这种领导艺术同样也扮演了一种关键的角色：在部门内部达成协同一致的沟通效果并形成与流程中涉及到的其它部门配合与协作的态度。如果两个相关部门的领导能够无障碍沟通，并用一个积极的态度来面对责任和承担义务，这会比部门的中层或相关岗位的人员直接进行沟通的效果更明显。

通过多种途径进行信息的交换与沟通能够在多方面加强跨部门的合作关系

1．有效的合作需要相关部门在三个管理层面上进行持续的沟通。

● 高层管理者来确立营销计划的目标并对实施过程中的控制要点进行监控；

● 中层管理者为跨部门的衔接环节制定具体行动计划；

● 具体操作人员进行日常的流程运作。

2．在任何成功的跨部门的业务协作中，信任扮演了非常重要的角色。

沟通是在相关部门和岗位间建立信任的基础。频繁的相互影响，及时的信息交换和准确的评估与反馈每项行动的执行效果既可以减少误解又可以加强跨岗位、跨部门之间的合作。就信任（trust）员工、尊重员工而言，P&G是一家以信任为基础的企业，其相关的管理工作也体现了P&G对员工的信任。绝大多数人都渴望被信任，并希望能尽情地放手一搏，有所成就与贡献。只要组织有效激励员工的自尊心与荣誉感，员工自然会竭诚以报，这就是所谓“士为知己者死”的道理，也是P&G员工主动积极的主要原因。管理大师杜拉克曾说：“今日组织的基础不再是权利，而是信任”，P&G在厚植信任与内在激励方面一向不遗余力，且有显著的效果。当员工对组织及团队成员有信任感，并相信自己会受到公平对待时，就会促使他们全力投入工作。

此外，信任也代表可以在没有恐惧的环境下开诚布公，异议可以公开表达，员工能够坦白说出真心话。以此为基础员工才有可能针对棘手的问题进行开放性的全面讨论，将个人的不满转化为具体的建设性建议，创造出多元化而不相互冲突的工作环境，并形成高效益的合作网络。为了让信任基础能够有效落实，P&G有周期的检查系统（check balance system）作为配套措施，以确保企业整体运作顺利进行。对于P&G而言，信任不意味毫无限制地放任，也不意味主管完全放手不管。因此，在组织运作上就需要检查机制来配合。一方面P&G可以藉此落实以信任为基础的经营哲学；另一方面，检查系统使所有事情的进展都在掌控之中，不会因为信任而放任员工音讯全无发生无法得知其表现好坏与事情进展等无法容忍的不确定性。由此可知，检查机制的确有其必要性。例如，通过定期与不定期的报告、讨论，主管可以充分掌握进度与状况，并给予适时的指导与建议，不仅无损于对员工的信任，反而更有效地落实信任。例如P&G公司根据核心价值观在营销操作上延伸出若干原则，并为营销人员与广告公司、相关协办厂商所奉行不渝。如广告片要上档前一定要先测试，并且测试值超越标杆值才能播出，上片之后也要进行测试。又比如在公司“主人翁精神”的核心价值观之下，P&G给予员工高度的信任与自由度，不仅让员工自行安排工作内容与优先顺序，而且也不必打卡，一切由员工自我管理，赋予员工自主权与决策空间。因为P&G相信员工会按对公司整体最有利的方式进行规划。这种信任员工、尊重员工的信念，也是主人翁精神核心价值观能够有效落实的关键之一。再如，联邦快递公司的以人为本的价值观的落实，在制度上得到保证：联邦快递公司设有“员工公平对待条例”，员工受到处分如觉得不合理可以在7天以内投诉到他上司的上司，他上司的上司要在7天内开一个“法庭”来判定员工与经理孰对孰错。如果员工还是不满意，还可以继续“上诉”，确保员工得到公平的对待。很多原先管理阶层的决定都是通过这个“法庭”推翻的，在公司里没有人可以一手遮天。

3．不同岗位人员之间的充分沟通能产生对营销计划目标的理解和对相关管理制度、不同岗位人员所扮演的工作角色以及非正式的人际关系的普遍认同。

非正式的人际关系可以营造出正式的工作关系所无法达到的和谐、融洽、令人愉悦的工作氛围，这种人与人之间心理上的相互信赖、认同又可以实现正式的雇佣合同和管理制度所无法达到的岗位或部门间的默契。而这无疑是使计划执行到位的绝对前提。如果公司内部无法进行活跃对话——通过开放、真诚和随意的方式讨论当前的实际情况，你就不可能建立一种真正的执行文化。这种对话可以使一个组织更为有效地收集和理解信息，并对信息重新整理以帮助领导层做出更为明智的决策。它能够激发人们的创造性。实际上，大多数革新和发明都是在对话的过程中形成雏形的。它也能够为组织带来更大的竞争优势和股东价值。

保持开放的心态

对人对事都不应该先入为主，更不应该在讨论问题的时候有所保留。人们希望听到新的信息，并准备随时改进自己的决策，所以这种人通常会注意倾听讨论中各方的意见，并积极参与到讨论当中去。当人们敞开胸襟的时候，他们就会表达出自己的真实观点，而不再是为了奉承领导或维持一团和气而说些无关痛痒的话。

1．营造轻松的沟通氛围

实际上，一团和气——这也是许多不愿意得罪人的领导者所追求的，但它可能成为真相的敌人，它会扼杀许多人的批判性思维，并最终使得决策成为一纸空谈。一旦这股追求一团和气的风气弥漫到整个公司，所有问题的解决方式都可能像这样：在主要人员离开会场之后，大家马上投票反对他刚才提出的建议；他在场的时候，没有一个人表示意见。要想做到坦白，谈话就不能过于正式。过于正式的气氛会给谈话者带来高度的压迫感，而非正式的气氛则能够更好地鼓励谈话者自由表达自己的观点。正式的谈话和演示通常都不会留下很大的讨论空间，而非正式的谈话则是非常开放的，它鼓励人们提出问题，鼓励大家进行批判性思维，并更多地表达自己真实想法。在正式的、等级清晰的会议当中，掌握权利的人可以轻而易举地扼杀一个很好的创意，但非正式的讨论却会鼓励人们相互评价各自的想法，在这个过程中相互改进，并最终达成一致的意见。在很多情况下，许多听起来很荒谬，可实际上却能给公司带来突破性进展的创意都是在非正式的谈话中被激发出来的。

非正式的对话总能使大家达成一致的意见。在会议结束的时候，人们都会就每个人的任务以及完成时间达成共识。因为这本身就代表了他们的意见，而且在这种情况下，他们也更加愿意对结果负责。开放式的对话能够引导出那些让人不舒服的实际情况，因为这种谈话总是针对现实发出。这种谈话开放灵活、重点突出而且又轻松活泼。谈话的目标是要大家提出不同的观点，对每种观点的利弊进行分析，然后以一种诚实坦白的态度对这些观点进行总结。这种相互沟通的动态机制能够激发出许多新问题、新想法和对事物新的认识，从而在最短的时间内，以最轻松的方式，最有效地解决问题。

2. 引导员工进行开放式的谈话

毕竟要改变人们长久以来的习惯并不是一件容易的事，所以首先应该从企业的高级领导层开始，组织的领导者在进行对话的时候必须是开放式的。如果领导者在进行对话时采取的是一种开放式的态度，其他人就会自然地跟随效仿。

但关键是在通常情况下，在采取和接受某种行为方式之前，员工必须进行大量的实践活动。如果领导者对某种表现进行奖励，员工就会认为这是领导所欣赏的行为，他们就会更加积极地接受和实践这种行为。每个人都需要得到最好的答案，这就意味着每个人都必须在交换意见的时候坦诚相待——没有人能够解决所有的问题。如果有人提出一些领导不同意的意见，领导粗鲁地警告对方不要过于自大。在这种情况下，其他人就很难再有足够的勇气来对领导的意见进行驳斥。而如果领导告诉那个提出不同意见的人，“好的，让我们仔细讨论一下你的意见。首先听听大家的意见，然后我们再进行选择。”这时，提出意见的人就会受到更大的鼓励，而这次会议也就能取得更好的效果。

用人之道

如何选聘营销精英

随着中国经济20年的改革开放，部分中国企业在逐步升级的市场竞争中脱颖而出并期望持续成长。而影响企业持续成长的最重要的因素无疑是人，主要是经理人才。尤其是在市场经济初期（或者说是企业发展初期）对企业价值最大的销售和营销经理人才。

然而，目前中国称职的经理人才资源（包括销售与营销经理人才）却十分匮乏，大部分企业的人力资源管理经验很不成熟（包括人力资源部门、企业老板和各级经理）。因此，如何选聘与留住人才自然是所有企业老板、总经理与营销老总们都十分关心的重要且紧迫的课题。

中国销售和营销经理选聘的途径有三个：一是内部选拔；二是公开招聘（适用于中层和基层经理）；三是猎头（适用于紧缺岗位的中层经理和高层经理）。对外招聘或猎头的人才类型主要分同行业和不同行业，来自于内企、外企还有大学（学前有几年企业工作经验或咨询工作经验的MBA、市场营销硕士及教师）。

内部选拔

企业经理人才的选聘最好优先从内部选拔，这样有利于给内部员工一个前途感、激励感和归属感，激发大家积极进取的热情。但要达到期望的效果，内部选拔必须以公平公开的绩效考核及干部晋升制度为前提，而不是明显的“任人唯亲、拉帮结派”。然而事实上后者在中国企业乃至中国社会都普遍存在，对企业来说其弊远大于利。之所以存在这样的问题，一是中国文化的影响和沿袭；二是企业不知道如何建立一个相对科学合理的绩效考核和干部晋升制度（大部分企业只是用单一的销量指标考核，而不是综合指标考核；单一的顶头上司考核，而不是上下左右同事共同考核）。

公开招聘

由于猎头公司的猎头对象主要是高层经理，次之是关键岗位的中层经理。因此，对于基层经理和大部分岗位中层经理的招聘主要是通过公开招聘的形式（登报、上网和参加人才交流会等）进行。这种方式成功的关键，一是整个过程要体现出对所招募对象的重视和企业自身对招募对象吸引力的呈现；二是评价应聘对象是否适合于本企业本岗位要求时要非常专业和认真细致。这不仅需要企业人力资源部门参与，还需要人才需求部门主管的高度参与，甚至需要专业的人力资源评测机构的帮助。

猎头

中国悄无声息但迅猛发展的猎头行业催化了中国企业对猎头方法的重视。内行且负责任的猎头公司能够帮企业找到所需要的几乎所有岗位的人才，当然要付的价格也比较高。但比起企业要找的人才给企业所带来的价值，猎头中介价格其实也是微不足道的，关键是看企业对人才价值的认识。另外值得特别注意的两点是：一、即便是有专业的猎头公司帮忙，对重要的、高级别经理的选定，企业老总和相关高层经理也务必高度参与测评过程。因为是否“适合”企业的需求只有企业最清楚；二、法律问题。因为很可能企业要猎头的对象与原服务机构签有相关约束的合约，违约可能导致企业也成为诉讼对象，尤其是猎头的对象来自于同行。

二、培训，以提高营销人员的操作能力为根本

即使企业构建了规范化的组织体系、明确了工作角色和职责、提炼了关键业务流程，但在实际运行时仍然可能出现职责不明、缺乏沟通、流程推动不力、工作标准模糊等影响执行力的问题。原因在于缺乏将工作职责和业务流程转化为具体行动的意识和技能。管理者是策略执行最重要的主体，但并非说大小事务管理者事必躬亲。管理者角色对定位变革很重要一点就是，在重视自身执行力的同时，还必须重视培养部属的执行力。执行力的提升应该是整个企业范围内的事情，而不只是少数管理者的专利。管理者如何培养部属的执行力是营销系统总体执行力提升的关键。

营销工作的特性决定了绝大多数的营销人员主要在市场一线活动，他们常驻各地或者经常出差。组织各种活动，花费名目繁多的费用。如何保证这么大的费用不白花，如何保证让一线人员做的终端营销工作是最有效的，如何保证他们的每一件销售工作是按质按量完成的，这些是摆在所有企业的销售部、市场部和驻外省经理、大区经理、销售部长和销售总监面临的重大课题，必须认真对待！

西门子公司认为，所谓人才开发，就是“为员工获取知识和提升专业知识、能力而服务的措施，有助于使其完成当今和未来的工作”。换言之，“人才开发是目标明确的专业知识能力的发展，它包括员工的能

力和特点，并保证员工在他们的工作中取得较好的成绩”。西门子公司还认为，企业是不断发展的，员工所遇到的问题也是不断变化的。要想使全体员工出色地完成当前和未来的工作，就必须对全体员工进行持续不断的培训。

对于关注执行效果的企业来说，通过对一线营销人员的培训来改变他们的观念、提高知识与技能，从而提高他们的执行能力是有效提升整个营销系统最有效的途径之一。当今社会是个飞速发展的社会，一个企业能否取得成功，更加取决于这个企业里的员工；取决于他们的工作效率和取得成功的决心；也取决于他们的远见和敢于作出重大决断的勇气。人才的成长过程实际上就是一个不断吸取知识和经验的过程。一个企业要想保持长久的人才优势就应当有计划地实施有助于提高雇员学习与工作相关的知识、技能或对工作绩效起关键作用的行为能力的活动。企业应该重视企业人员的配置，并尽可能亲自参与员工的选拔。

建立有效的培训体系

营销系统中培训工作的主要目的是为了提高营销系统人员的营销能力、销售能力，保证营销人员能应对新经济的挑战，延长营销人员的使用期限，维护企业的形象，同时发掘和培养营销管理人员，作为一种对营销人员的鼓励或激励手段。培训工作要取得效果需要从以下几方面系统进行：

1．培训制度与方案

建立客观、规范、易于操控的培训制度与方案，将业绩提升与员工自身发展提高有机地结合起来。培训方案的设计首先要满足企业的整体发展需求，要符合业务运作对各岗位的要求，在此基础上来规范企业在营销系统中的培训程序以及具体的培训计划。必须建立相应的组织管理体系来确保培训方案的实施和改进。根据实际需要，企业总部的机构可以为常设性机构，也可以为非常设性机构。但培训计划的制定是全年性和系统性的，计划分级应予单独考虑。分公司或区域营销培训主要是指通过对分公司或地区经理和业务员之间的培训和经验交流，总部派人进行培训，以及业务员对促销员培训等（不包括总部参加的培训）。促销员的培训主要是通过分公司内部培训来进行，辅助总部的巡回培训。

2．培训需求

为了使培训计划具有针对性提高培训效果，培训前必须了解营销系统各个岗位人员的培训需求，并进行需求分析。培训需求从以下三个方面进行分析：

● 企业分析。根据公司的战略目标、经营目标和营销系统的年度目标进行综合分析，找出侧重点。

● 岗位分析。通过对具体岗位职责进行综合分析，决定如何培训符合岗位要求的员工。

● 人员分析。通过对员工个人所具备的知识、技能、兴趣等方面进行综合分析。

需求分析材料的几种来源：A、工作分析；B、绩效考核；C、培训需求具体项目调查；D、部门或个人培训需求报告。

3．培训计划的制定

培训计划是对培训工作的具体安排。制定培训计划要以企业的经营计划、人力规划、培训任务等为依据。培训计划中要列明培训项目、培训目标、培训对象、培训负责人、培训内容、培训费用预算等内容。

4．培训方法的选择

培训方法包括公司内训、外派培训、外聘培训、自我培训、部门内部培训。根据培训需求的不同特性，又有强制性培训和选择性培训两种不同的方式。不同层次营销人员培训的内容和方式是不同的。

5．培训评估

在培训工作结束后，要进行效果评估。评估的时期可以根据不同的培训课题而定。正确的培训效果评估是公司培训工作的一个必要环节。培训效果应在实际工作中（而不是在培训过程中）得到检验。在进行效果评估时可采取多种方式。培训效果评估一般会是分三个阶段：培训结束当天、一个月后、一个季度后。

二 如何维系与激励营销精英

中国企业销售和营销经理主要由于以下几个原因使他们的流动率偏高，同时也使得如何留住他们成为企业老总们的一个重要且头痛的课题。

● 中国企业发展初期，对营销部门销售和营销经理们的依赖偏多（因为目前营销和销售的确是大部分中国企业成败的关键要素），提高了他们的胃口，也使他们压力加大。企业内部上下左右对他们的价值评价和他们自身对自己价值的评价偏差较大，这是造成人员流失的一个重要原因。

● 销售和营销经理这个职业对外接触多、见识广、诱惑多，比较容易被新的行业、企业岗位和薪酬诱惑。而且人才市场也有很多选择机会。另外部分人才的“短视”就更易“轻举妄动”，尽管大部分人是越跳越低、越跳越不顺心。

● 中国市场经济发展初期，绝大部分中国人都处于物质上的原始积累阶段，处于“挣钱一线”。几乎百分百出身于平民世家的、毫无财产可继承的销售和营销经理一族更是迫切地要实现自己不断升级的原始积累。“谁给钱多就跟谁干”成为大多数销售和营销经理的必然选择。甚至我们经常可以看到很多作经理的在资金、经验和人脉资源到达一定程度后选择了创业自己当老板。很多做“暴利产业”经销商的人，时机成熟时为获取更大利润转身成了制造商。

● 有极少数上进心强、有自知之明，想学习提高的人才，由于本企业“只让马儿跑，不让马儿吃草”，不得不选择跳槽到注重员工培训的公司任职，甚至自费到国内外大学学习（多是MBA专业）。

如何留住营销精英

1．薪酬与福利

薪酬制度（总额水平、薪酬结构、绩效考评）无疑是当今中国企业最有效的留人要素，对销售和营销经理来说更是如此。薪酬制度是否有竞争力，评价标准主要是外部与同业比较和本地区比较，内部与不同部门和不同职位比较。而且，一旦制度确定，一定要言而有信地执行，发现不合理应抓紧修改，然后继续执行。另外，还要考虑业绩考评时的动态修正问题，因为业绩未完成或超额完成原因可能与本岗位表现无关（比如产品质量问题，竞争对手“出事”等）。这就需要动态地调整考核指标，使其尽可能合理化。

福利（培训、保险、津贴等）也是经理们很关心的问题。因为它代表着一个公司的素质和实力，对员工个人及工作价值的承认，以及员工在外的自豪感问题。一个一年能享受3万元培训费支持、出门能住三星级及以上酒店的经理肯定会以在贵公司工作为豪，面对商业伙伴和竞争对手时也会更加自信。相反，一个从未受过培训、出门要花很多时间找100元以下酒店住，甚至连人身保险都未办的销售经理，让他如何自信起来？

2．职业发展前景

对于一个素质高、大有前途的或已经有一定原始积累的经理来说，对于自己未来职业发展前景的关心不会亚于对“薪酬和福利”的关心，部分人甚至把其放在了第一位。职业发展前景如何，包括了本行业的发展前途、本企业的发展前途和个人在本企业的发展前途。最起码要考虑今天的岗位是否能为未来自己到新的行业、新的企业和新的岗位带来增值。然而，大多数中国企业都没有在行业前景、企业远景上与经理们充分沟通，也没有与经理们一同协商各自的个人职业生涯规划。一个企业和个人都朦朦胧胧往前走的公司怎么可能留住优秀的经理人才呢？

3．培训

经理们的职业生涯规划要靠工作中的锻炼和有计划的培训来实现，否则就是一句空话。一个人在岗位的调整及职位升迁的过程中，应有计划地安排恰当的岗前培训和上司指导，使之尽快胜任新岗位的工作。我国企业的老板们大多会困惑于对经理们培训的得与失，甚至以“工作忙没时间”、“企业是用人的地方不是培养人的地方”为理由拒绝培训。其实正确的答案很简单，看一看在中国土地上经营的国际公司们的做法及结果，就应该知道如何“中西结合”地去处理了。

4. 人际环境

每个人都希望自己能愉快地工作和生活，但因为文化劣根性的承袭或利益的争夺，部分经理们总是弄得别人不愉快自己也不轻松。甚至，有些老板故意利用“人际关系”搞“企业政治”。短期来看，似乎“人治”方法效果明显，但长期来看，肯定是害人害己害企业。

中小企业如何维系营销精英

中小企业，特别是处于快速成长阶段的中小企业，保持高现金流量、维持企业自我的造血功能至关重要。因此，销售的作用与地位就特别重要，毕竟企业需要依靠销售人员来实现现金流回报。这也就是说，对于中小企业而言，销售人员的作用与地位更加重要。同时，这些销售精英渴求认同，追求职业更大发展。不过，近年来创业环境不断改善，而且当老板对销售精英有无穷的诱惑力，因此，销售精英的离职意愿和离职倾向比较大。正因为如此，对于那些致力于发展壮大的中小企业来说，销售精英的维系就成为销售管理的重点内容。

中小企业维系销售精英是个不争的事实，但是如何维系却是中小企业较为头痛的事情。对于销售精英而言，物质财富激励的效果是随边际收益递减的，往往销售精英会有多个薪酬丰厚的工作选择机会。因此，中小企业维系销售精英不能简单地通过物质手段。销售精英的维系不仅仅是指采取有力措施让他们为企业服务的时间更长，更重要的是要采取激励措施激发他们的最大热情，尽最大可能发挥他们的才华，实现最大限度的高销售业绩。正是出于这种考虑，本文侧重于介绍三种有效的维系销售精英的非物质手段：培养开发式维系、愿景激励式维系和感情式维系。其中，培养开发式维系侧重于通过事业来维系销售精英，愿景激励式维系侧重于通过企业长期利益共享来维系销售精英，而感情式维系则侧重于通过个人情感因素来维系销售精英。尽管维系销售精英的方法有很多种，但由于销售精英的个人特点比较突出，无法用一种方法来维系所有的销售精英。企业需要综合运用多种维系方法来维系企业需要维系的销售精英。

1．培养开发式维系

营销精英非常重视个人的未来职业发展，因此，他们更加注重在企业中的学习机会、发展前景和工作空间。也就是说，中小企业关注销售精英的个人成长，致力于培养销售精英，充分发挥销售精英的才能，这些是维系销售精英的重要手段。

销售精英销售能力强并不代表他们不需要培养。通常，能力越强，对知识的需求就越大，对能力提升的需求也就越大。同样，销售精英也希望企业能给予更多的机会参加学习和提高自我。如了解和掌握销售管理方法，了解相关营销知识和市场手段，从而确保个人职业生涯有足够的发展支撑，此其一。其二销售人员容易出现老化现象（销售精英也不例外），从事销售工作的时间越长，越容易形成一套自己所谓的销售经验。这样，每次从事销售工作时就按部就班，慢慢就不太重视销售对象的个性化需求，渐渐丧失对销售的敏感性，对销售的热情也会慢慢降温。这些会导致销售精英的能力下降，更何况销售技巧和方法也是不断发展的。因此，培训销售精英也是必要的。重温一些基础的销售概念，重复训练销售过程的几个步骤，重涨销售精英的销售热情等等都是销售精英培养的重要内容。

培养销售精英是指能力的培养。开发式维系是指发挥销售精英的能力，物尽其用，人尽其才。企业，特别是中小企业，有时不敢大胆、放手使用销售精英，害怕顾客掌握在销售精英手中。其实，这种让销售精英反感的行为，反而使其在职期间没有完全发挥其作用，没有创造最大价值。相反，积极、大胆、主动地放手使用销售精英，给予更多的工作空间，令其接受更大的挑战，授予更大的权利，一则可让销售精英有更大的工作乐趣和挑战，激发其对工作的热情和对企业的归属感，二则可以发挥销售精英的最大作用，为企业创造更多的价值。当然，授权不是放权，更不是让权，而是让销售精英在企业允可的情况下努力完成企业希望他们完成的工作。

2000年，山东一家抗生素药品生产厂商困惑于优秀销售代表的激励问题。众所周知，药品制造厂商的销售人员，尤其是销售精英都有很丰厚的收入。随着近几年医疗改革的不断深入，该厂销售人员赚钱没有前几年容易，于是普遍出现了积极性不足，但销售精英还抱怨活力不够。显然，企业如果继续通过高提成来刺激销售精英已不太现实。一则利润空间有限的情况下提高提成比例会损害企业的发展，二则边际递减规律会限制激励效果的发挥。正值该厂商想把产品拓展到外埠市场之时，厂商有针对性地选择了九位销售精英，脱产接受三个月的系统培训（主要是销售管理培训、市场拓展培训和个人职业生涯发展培训），然后委派至全国各地成立了九个办事处。一年后，经过测算，在这九个销售精英收入增加5%的基础上，其销售业绩提高了40%，而且山东地区的销售业绩并没有因为他们的离开而受到什么负面影响。对企业来说，既拓展了外埠市场，又提升了销售业绩，更重要的是让销售精英重新焕发了激昂的销售斗志，通过培养进一步开发了销售精英的潜力。

2．愿景激励式维系

愿景激励式维系是中小企业维系销售精英的另一个重要手段。所谓愿景激励式维系，就是企业以美好前景来整合销售精英对企业的归属感，进而激励销售精英发挥更大的作用。

中小企业由于发展速度快，创新性强，大多处于快速成长阶段，而且员工相对数量少，企业愿景更为人所看好。因此，中小企业的愿景共享对销售精英而言是个很好的激励手段。另外，由于从业的知识积累及各项客户资源的积累，销售精英也愿意更长时间在一个行业或相近行业里工作。这些说明了中小企业可以把企业愿景作为维系销售精英的有效手段之一。

愿景激励式维系的效果关键是看企业是否愿意与销售精英共享愿景。对于我国许多中小企业而言，特别是中小型私营企业，企业老板大都完成了一定的资金积累，在发展过程中面临的最大困境之一就是发展的动力不够，二次创业的热情不足，企业发展很容易步入平台期。因此，企业老板更不愿意与员工共享愿景，而宁愿在较低水平上重复地赚取较低利润，维持企业的简单再发展。这种现状也是当前中小企业较少采用愿景激励式维系手段的原因。

高新技术的发展在北京中关村地区造就了大批从事IT产品分销工作的中小企业。近几年来，这些企业普遍都经历了销售精英的流失阶段。从宏观角度来讲，正是这种流失才催生了一个又一个的具备创新性的新企业，进而促进了整个地区的创新与发展。但是，经过多年的发展之后，IT市场的发展呼唤更多的有实力的、规模大的企业脱颖而出。一方面是企业所有者愿意发展壮大，另一方面是这些企业有潜力能够发展壮大。因此，在这些中小企业中维系销售精英的工作就显得更加重要。中关村地区创业环境较好，以及当老板意识强烈等因素导致销售精英的离职意愿大、创业意识强。于是，为了应对这种局面，中关村地区有些中小企业开始通过“干股”等形式逐渐把部分销售精英（当然还有些技术精英）转化为企业的所有者。一家国内二线品牌PC制造厂商前几年被成功归结为“直销+服务”模式，在北京地区就有近100个分销网点。为了更进一步刺激各个网点的经营积极性，企业正在着手于让部分销售精英先以承包的形式接手各个分销网点，然后以合同的形式逐步把分销网点的部分所有权让渡给销售精英，让部分优秀销售精英共享企业发展所带来的收益，更重要的是通过企业的长远发展愿景来维系更多优秀员工。从刚启动的暑期PC销售旺季来看，这种模式的效果很好，其中一个销售网点单日销售量创造了2004年北京地区单点销售的新记录。

3．感情式维系

中小企业相对规模较小，销售精英与企业领导在创业或企业发展过程中建立了深厚的个人感情。所谓感情式维系是指企业通过类似这种个人情感的发展来维系销售精英。

企业发展壮大之后，企业与销售精英的个人感情相对就淡了许多。这是由于企业发展之后组织层次增多，企业领导人与销售精英的距离增大了，进而导致感情相对淡化，而且企业人员增多，企业内部事务和外部事务也多了起来，企业领导人与销售精英相处的时间相对少了许多，沟通与讨论的时间也就相应少了一些，这也会导致彼此之间感情隔膜。销售精英往往会产生感情上的失落或挫折，与以往相比没有受到更多的尊重或期望受到的尊重。这需要引起中小企业足够的重视。

从某种程度上来说，企业需要有承担感情维系工作的领导人。他们不仅起到企业与销售精英的感情维系作用，而且一方面他们可以使从个人发展的角度劝导销售精英更好地发展，另一方面可以汲取销售精英对企业发展或企业其它事务的看法和意见，保证有效的双向沟通。值得注意的是，销售精英受到足够的尊重和重视是销售精英发挥作用、产生归属感的重要因素。

4．中小企业应豁然应对销售精英的离职。

维系销售精英是中小企业销售管理的一项主要工作，但销售精英的离职是不可避免的。许多企业对销售精英的离职非常害怕，这说明企业销售管理工作存在很大的不足，无法通过规范化的管理来削弱企业对销售精英的依赖。还有些企业对销售精英的职业操守不太放心，这说明企业本身的管理工作可能并不太职业化。如果企业很职业地对待销售精英的个人职业生涯发展，相应地销售精英的离职也会很职业化。幸运的是，近些年来销售人员，特别是销售精英的职业操守有了很大的提升。还有些企业对销售精英的离职有着很多的看法，但在笔者看来，中小企业应豁然应对销售精英的离职。正如一位从事广告业二十多年的老广告人所言：“我最自豪的是每年公司年会聚会时，有七八桌的老板，都曾在我公司工作过，他们有很好的发展。这就说明我公司是更良性的发展”。

所谓豁然应对销售精英的离职应该包括两个方面。一个方面是，企业对销售精英的离职应该淡然处之，按职业化的作法来自然应对，把它视为企业发展过程中不可避免的必然事情。另一方面是，企业应积极主动地与销售精英探讨其个人职业生涯发展问题，有时甚至应该帮助销售精英规划其职业发展，更甚是在某些情况下鼓励对方离职去谋求更大的发展。

中小企业应把销售精英维系作为销售管理的一项重点内容，要从容地应对销售精英的个人职业生涯发展，要综合运用多种维系方法来维系企业需要维系的销售精英，这些工作的关键是深层发掘销售精英形成离职倾向的原因，通过事业、感情和利益共享来实现企业与销售精英的共同发展。

参考资料

1.拉里·博西迪、拉姆·查兰．执行．机械工业出版社，2002

2.菲利浦·科特勒．营销管理．梅汝和等译．上海人民出版社，2003

3.陈育辉．制度化的核心价值观．中人网2004年6月

4.张戟、和平．执行力的基因．《销售与市场》2003年第10期

5.徐剑．执行力与管理者角色定位．博锐管理沙龙2003年6月

6.艾尔弗雷德·D·钱德勒．战略与结构．云南人民出版社，2002

7.宁向东．管理10论－企业竞争的核心资本．中国发展出版社，2004

8.黄国辉、温荣辉．都是韦尔齐惹的祸．沈阳：万卷出版社，2004

9.高建华．不战而胜．企业管理出版社，2001

10.牛海鹏．营销经理手册．企业管理出版社，1999

11.王玉荣．流程管理．机械工业出版社，2002

12.王璞．组织结构设计咨询实务．中信出版社，2003

13.艾尔弗雷德·D·钱德勒.战略与结构.云南人民出版社，2002

14.J.佩帕德、P．罗兰．业务流程再造．中信出版社，1999

15.陈明亮．客户关系管理的理念与软件．浙江大学出版社，2004

结束语：

带薪学习的“幸福生活”

当我怀着兴奋又忐忑的心情来写结束语时，我想我有理由感慨：如果想要超越平凡的生活，就必须要牺牲很多平凡的舒适。

从我选择到派力营销做咨询顾问的那一天起就开始了带薪学习的“幸福生活”。派力从1994年创立之始就肩负着对中国的营销人员进行市场营销知识普及教育的工作，是中国本土市场营销的先驱。别人学派力，可派力学谁呢？只能是自己边学边干，再加上咨询顾问本身就是一个“教学相长”的好职业。用屈云波先生的话说“要想在这个行业做下去，还要做好，就必须不断地学习，不断地提高”。更何况是像我这种来派力前从未做过咨询的人呢!虽然我读MBA时主修的是市场营销，也在企业中做了几年营销管理的工作，可是做管理咨询要求顾问人员从理论基础、实践经验到行业见识都得能够站在比企业更高的角度来分析、解决营销问题。所以一到派力我就先通过一个咨询项目用五个月的时间接受了派力营销方法论的系统培训。

给“幸福生活”打引号是因为我这种边学边干的过程既是充实的，同时又是痛苦的。说它充实，是因为在这个过程中，我完成了从一个不了解如何做咨询、只是有一些实践经验的营销从业人员成长为一个在管理咨询项目中不但可以对某一个专业领域负责，还能独立领导一个项目团队，并能在多个咨询项目中协助企业将营销计划执行到位的营销专业人员和咨询项目的管理人员。这个过程又是痛苦的。中国的市场营销从理论到实践均在飞速发展、企业在进步、同行在进步、同事们的能力也在原本就不错的基础上持续的提高，而对刚刚跨入咨询行业、还找不着感觉、又要强的我来说，希望尽快进入状态的紧迫感压得我几乎喘不过气来。我要尽快上手，要在每一个管理咨询项目中能站在更高的角度来帮助客户解决他们所面临的实际问题，要对得起身边的派力人对我的信任、鼓励和期待，需要补的课太多太多，我所面对的内外部压力、工作量和工作难度可想而知。而且，咨询可不单单是脑力劳动，更是体力劳动：舟车劳顿，饥饱不匀，昼夜不分，严重睡眠不足。所以我们常开玩笑说做管理咨询这行的人吃的也是一碗“青春饭”。

在这几年的咨询生涯中，零零总总加起来也服务了有近二十家的企业。有时我也会觉得累，也想在奔波的途中做一回短暂的歇息，是我的同事们和我的家人始终站在我的身边鼓励我、支持我。

跟同事们在一起是愉快的，我们是亲密的朋友又是并肩作战的战友，风风雨雨一路走来也留下了很多难忘的回忆。拿屈云波先生来说，他不像是董事长而更像是一个师长。市场营销专业方面就不用说了，有时随便跟他聊聊天也会觉得有所收获。他做人做事的风格也时时影响着我们。在项目最繁忙的时候，大家为某个问题困扰的时候，他会“逼”着我们打打球、爬爬山、唱唱歌，来让我们轻松一下，换换脑子。通过与各有专长的同事们一起的工作，通过与这些在各自行业排名前几位的客户的“教学相长”，通过站在派力的肩膀上所做的这些咨询项目的锻炼与积累，我对在中国本土如何做好市场营销工作的理解与体会比以前用十几年的时间在大学和在实际工作中所领会到的还要多，还要深刻。

所以我从来也没后悔过选择派力、选择营销管理咨询作为我的职业。在每一个项目上超负荷工作的同时，我也能够感觉到自己成长的快乐，能感觉到在我们的帮助下客户取得了进步的成就感。我热爱我的职业，也庆幸自己当初慎重做出的选择。

虽然，我为此也付出了很多，不仅有健康，还有身为女性，为人妻女的基本责任。一个管理咨询项目一般会持续二到三个月。不多说，只要我一年做两三个这样的项目，这就意味着每年至少有一半的时间出差在外。我先生也常出差，所以我们总是聚少离多。不过也因此我们有机会在他乡不期而遇。还记得2002年的国庆我们是在哈尔滨度过的，2003年的圣诞是在西安度过的，2004年的劳动节是在武汉度过的。我们也有擦肩而过的时候。有一次在深圳，他刚离开我就到了；还有一次在济南，他到的那天刚好我离开；还有这次去九寨沟，我们的日程都安排好了，他的年假也已经申请下来了，工作却使我们后补的、已经谋划了许久的蜜月旅行，在结婚五年后依然未能成行。

然而不花在项目上的时间，要不间断地学习，要做行业研究，要把在项目上的心得体会总结出来，形成文字，一点一滴积累到今天。田宇与我站在众多派力人的肩膀上，才会有《营销执行》这样一本书的面世。我坚信这本凝结了派力多个营销管理体系成功咨询案例的智慧结晶一定会为企业关于如何提高营销组织的运行效率带来一些启发。

所以我也对我所付出的一切无怨无悔。尽管这其中也包括一些其实我一直也放不下的东西。例如我去西安银桥项目的第二天，我父亲腿骨骨折来我家(这是他第一次来我家)休养。他天天由相互并不熟悉的女婿照顾，一天一个电话问我什么时候回来，可等我回北京时他已经回武汉了；例如在云南清逸堂项目时，我母亲因双侧股骨头坏死在昌平住院治疗，只能由我先生忙前跑后；例如家对我这个女主人来讲像是一个旅店，厨房常常几个月也不开火；再例如我先生的工作也很忙，依然风雨无阻的天天下班后来派力接我，我却常常让他在楼下空着肚子一等几个小时。先生在口头上也时常抱怨，可是在行动上从物质到精神毫不犹豫地支持着我。也许是因为他理解妻子毕生的信念与追求吧!在他的陪伴下，这条路我会一直走下去。

千言万语，我能对我的同事和家人说的也只有两个字：谢谢！

胡利杰